Stefan Kiechle
Spielend leben

Ignatianische Impulse
Herausgegeben von Stefan Kiechle SJ und Willi Lambert SJ,
Band 34

Ignatianische Impulse gründen in der Spiritualität des Ignatius von Loyola. Diese wird heute von vielen Menschen neu entdeckt.

Ignatianische Impulse greifen aktuelle und existentielle Fragen wie auch umstrittene Themen auf. Weltoffen und konkret, lebensnah und nach vorne gerichtet, gut lesbar und persönlich anregend sprechen sie suchende Menschen an und helfen ihnen, das alltägliche Leben spirituell zu deuten und zu gestalten.

Ignatianische Impulse werden begleitet durch den Jesuitenorden, der von Ignatius gegründet wurde. Ihre Themen orientieren sich an dem, was Jesuiten heute als ihre Leitlinien gewählt haben: Christlicher Glaube – soziale Gerechtigkeit – interreligiöser Dialog – moderne Kultur.

Stefan Kiechle

Spielend leben

echter

Bibliografische Information der Deutschen Nationalbibliothek

Die Deutsche Nationalbibliothek verzeichnet diese Publikation in der Deutschen Nationalbibliografie; detaillierte bibliografische Daten sind im Internet über <http://dnb.d-nb.de> abrufbar.

© 2008 Echter Verlag GmbH, Würzburg
www.echter-verlag.de
Umschlag: Roberto Meraner
Druck und Bindung: CPI – Clausen & Bosse, Leck
ISBN 978-3-429-03075-9

Inhalt

1. Was ist das: Spiel?

Wer spielt? Kinder spielen mit Puppen, manchmal stundenlang, oft hingebungsvoll, mit eigenen Regeln, unter Lachen und Weinen. Junge Hunde spielen, man weiß nicht wie, sie tollen herum, offensichtlich zum reinen Vergnügen. Die junge Geigerin spielt Bach, selbstvergessen, genau nach den Noten und doch frei, dem Klang hingegeben, vielleicht verbissen, doch besser heiter und gelöst. Der Computerfreak starrt auf den Bildschirm, fasziniert, leidenschaftlich; spielend vergisst er die Welt und schafft sich zugleich eine neue. Tänzerinnen wirbeln über die Bühne, im scheinbar freien Spiel ätherischer Körper, leicht und schwebend – und doch auch mit der heimlichen Trauer des baldigen Vergehens? Die Radachse hat Spiel, laut klappert sie und schädigt zudem das Lager – zum Verdruss des Fahrers. Wellen und Fahnen, Blätter und Möwen spielen rauschend im Wind. Arme Menschen – so meine Erfahrung aus Lateinamerika – spielen mehr als reiche, denn sie haben Zeit und Muße und müssen am Wochenende nicht aufs Landhaus fahren und dort Unkraut jäten. In olympischen Spielen kämpfen die Sportler verbissen um Punkte und Plätze. Priester und Ministranten führen bei festlichen Anlässen ein erhabenes liturgisches Spiel auf – den einen geht es zu Herzen, andere befremdet es. In der stillen Kammer, ganz in der Phantasie, in oft stundenlangen Tag- oder Nachtträumen spielen wir unsere Leidenschaften durch und unsere Hoffnungen, wir disputieren mit unseren Freunden und intrigieren gegen unsere Feinde, wir trauern um die verpassten Gelegenheiten und beweinen die unerfüllten Sehnsüchte. Verliebte spielen die Spiele der Liebe, uralt und tausendfach besungen, scheinbar sinn- und offensichtlich zwecklos, auf andere lächerlich wirkend, manchen als verboten geltend – und doch für sie die Fülle des Daseins. An Politiker- und Bischofshöfen betreiben Hofschranzen Machtspiele, nach jahrhundertealten, oft unbewussten Ritualen. Die Werbedesignerin spielt mit Farben und Formen, um zu gefallen und um zu verführen. Mozarts Oper *Le Nozze di Figaro* spielt im leidenschaftlichen und dennoch präzisen Zusammenwirken der Künstler mit den Affekten der Zuschauer, peitscht sie auf, ist grandioses Welttheater; sie stellt Urmenschliches dar, abgründige Wahrheit und lauterste Freude, und sie reinigt die Seelen derer, die mitgehen.

Was ist das Spiel, und was hat es mit gelebter Spiritualität zu tun? Wie können wir vor Gott unser Leben spielend leben, ernst und verantwortlich, dennoch gelassen, ja heiter? Wie helfen uns ignatianische geistliche Formen, insbesondere die Exerzitien, zu einem spielend erfüllten Leben? Wie steht der spielende Mensch[1] zu seinem letzten Lebensziel, wie steht er vor dem Ewigen? Um diese und ähnliche Fragen geht es in diesem Buch. Wenn es ein wenig hilft, das Leben spielend leicht und vor Gott erfüllt zu leben, hat es seine Absicht erreicht.

Kennzeichen des Spiels

Über das Spiel wurde viel nachgedacht: von Philosophen und Kulturanthropologen, von Theologen, Psychologen und Pädagogen, kaum übrigens von Frauen, wenig von spirituell Fragenden. Es gibt keinen allgemein gültigen Begriff, was das Spiel sei. Sprachgeschichtlich kommt »Spiel« von althochdt. »spil«, was ursprünglich wohl »Tanzbewegung« bedeutet. Jede Wissenschaft würde das Spiel anders definieren. Ich möchte zunächst einige Kennzeichen und Bedingungen des gelungenen Spiels darstellen; das misslungene und das missbrauchte Spiel spreche ich im nächsten Kapitel an. Danach versuche ich, den Begriff näher zu bestimmen, ohne wissenschaftlichen Anspruch und von vorneherein im Blick auf unser spirituelles Fragen – was das Nachdenken zwar beschränkt, aber auch zentriert.[2]

1. Das Spiel[3] ist *freies Handeln*. Man ist nicht dazu gezwungen und könnte es auch lassen. In der Regel spielt man in der Freizeit. Vergnügen, ja Freude ist der Ursprung des Spiels und meistens auch sein Ziel. Es gibt individuelle und soziale Spiele, aber die Teilnehmer entscheiden sich immer frei zum Spielen.

2. Das Spiel *unterbricht* das normale Leben, es braucht eine ausgegrenzte Zeit und einen abgetrennten Raum. Das Spiel hat nicht den Ernst des Alltags, ist nicht die »wahre« Wirklichkeit, sondern »bloß« Spiel. Für manchen gilt es daher als minderwertig. Spielen ist »so tun als ob«, denn die Spieler verlassen ihre Alltagswelt und schaffen sich eine neue – künstliche, fiktionale – Welt, ein *second life*, eine ferne, manchmal gewollt einsame Insel der Seligen. Um ungestört im Spiel anzukommen, muss der oft allzu beanspruchte Mensch aus seiner Alltags- und Arbeitswelt aussteigen, also »sich die Zeit nehmen«, ja sie erkämpfen, bisweilen fluchtartig das Weite suchen. Manche Spieler verkleiden sich, um die Unterbrechung anzuzeigen, manche bilden um ihr Spiel ein Geheimnis.

3. Das Spiel ist *zweckfrei*. Es soll nicht unmittelbare Notwendigkeiten oder Bedürfnisse des physischen oder psychischen Überlebens befriedigen, sondern es ist – wenn diese befriedigt sind – ein Zusatz, ein Überschuss an Leben, ein Mehr. Das Spiel hat keinen Effekt und bringt kein Produkt, das man messen, verwalten, aufbewahren, nutzen, verkaufen könnte. Das Spiel macht Freude und stiftet Sinn; beides enthält es in sich selbst, mehr in seinem Vollzug als in seinem Ergebnis. Als biologische Funktion ist es entbehrlich – als geistige und soziale nicht. Theologisch könnte man das gelungene Spiel als Erfahrung der Gnade beschreiben.

4. Das Spiel ist *wiederholbar*. Es hat zwar Grenzen und findet ein Ende, ist aber mehrfach spielbar. Wer das Spiel wiederholt, erntet neue Freude, er ritualisiert das Spiel, vertieft und erweitert es. Zu oft wiederholt, erstarrt es jedoch, und man hat es »zu Tode geritten«. Überdruss verdirbt das Spiel, und man sollte es beenden, wenn es am schönsten ist. Viele Spiele haben schon in sich Elemente der Wiederholung.

5. Das Spiel kennt *Ordnung und Regel, aber auch Übertretung und Freiheit*. In der abgegrenzten Spielwelt gelten eigene Regeln. Die Spielergemeinschaft muss sich auf Regeln verständigen – Kinder sind oft äußerst erfinderisch im Gestalten eigener Spielregeln. Alle Spieler müssen die Regeln akzeptieren und die Ordnung befolgen. Innerhalb des Regelwerks gibt es Handlungsfreiheit, aber oft auch Druck, sich zu entscheiden, und zwar zielgerichtet und klug. Wer die Regeln heimlich übertritt, um sich Vorteile zu verschaffen, ist ein Falschspieler; manche Spiele sehen in gewissen

Grenzen solche heimlichen Abweichungen, Koalitionen usw. vor und honorieren sie. Wer die Regeln offen übertritt, zerstört das Spiel, er ist ein Spielverderber. Der Spielverderber wird als unfair und unwürdig aus der Spielergemeinschaft ausgestoßen; hingegen wird mancher Falschspieler, oft insgeheim, bewundert und verehrt – ein Hinweis auf manche Doppelmoral im Spielen.

6. Das Spiel ist *ästhetisch*, im Doppelsinn des griechischen Wortes: *sinnlich* und *schön*. Zum einen ist jedes Spiel leiblich, körperhaft: Es spricht die Sinne an – das Hören und Schauen und Schmecken und Fühlen ... – und über die Sinne die Affekte, den inneren Menschen; es packt den Spieler »im Bauch«, in seiner Erfahrung und Existenz. Zum anderen tendiert das Spiel immer in irgendeiner Weise zum Schönen, es will gefallen und Freude machen, soll Schönes abbilden und es gestalten. Das gilt nicht nur für die Spiele der Kunst, sondern auch für die des Sports und für Denkspiele, für Phantasiespiele und für sakrale Spiele. Das Spiel will bannen und bezaubern, hinreißen und verführen, es will Rhythmus und Harmonie zum Blühen bringen.

7. Das Spiel *braucht Entspanntheit und schafft neue Spannung*. Um zu spielen, brauchen wir einen entspannten Ort, an dem die Grundbedürfnisse gestillt sind und wir zur Ruhe kommen – weder hungrige oder kranke Kinder noch unterdrückte Völker spielen unbefangen. In der Entspannung entsteht jedoch neue Spannung: Die Leidenschaft kocht hoch, Wut oder Freude, Furcht oder Sehnsucht stauen sich bis zur Entladung; ein Wettkampf erregt sowohl Beteiligte wie Zuschau-

er, die Sinne und der Geist sind aufs Äußerste kon-
zentriert, der Leib ist angespannt. Nach dem Spiel ent-
spannen wir uns neu, zufrieden, erfrischt und freudig.

8. Das Spiel braucht *Geborgenheit, Vertrauen, Glauben*.
Wer in Angst und Not lebt, spielt nicht. Um sich in
die andere Welt des Spiels hineinzubegeben, muss sich
der Spieler sicher fühlen und frei, geborgen und wie
zu Hause. Nur so findet er den Mut, sich in der Spielwelt ganz und gar fallen zu lassen. Offensichtlich ist,
dass bei gefährlichen Gruppenspielen die Spieler Vertrauen zueinander entwickeln müssen – aber das gilt
wohl für alle Spiele. Durch das gemeinsame Spiel, den
durchzitterten Nervenkitzel und die erlebte Freude
werden die Spieler näher zusammengeführt, und ihre
Gemeinschaft, ihr Vertrauen zueinander und ihr Le-
bensmut wachsen. Das Spiel setzt also Vertrauen voraus und vertieft es zugleich. Was man säkular »Vertrauen« nennt, kann man religiös als »Glauben« be-
zeichnen: Der Spieler glaubt an seine Mitspieler, er
glaubt an den Sinn des Spiels und daran, dass er im
Spiel Freude und Genuss erlebt. Er glaubt an einen
Sinn des Daseins, denn ohne diesen wäre das Spiel
sinnlos. Er glaubt an ein höheres Sein, das diesen Sinn
schenkt.

9. Im Spiel *wird Geist Leib*. Hinter jedem Spiel steht eine Idee, ein faszinierender Gedanke, voll sprühenden
Lebens und voll beglückender Humanität – das Spiel
ist an Werte gebunden. Im Spiel nun verleiblicht sich
dieser Geist zu einer konkreten Gestalt, zu Form und
Ordnung, zu Prozess und Rhythmus, zu sinnlicher Erfahrung und existentiellem Vollzug; theologisch kann
man das Verleiblichen weiter ausdeuten: Geist wird

Fleisch, Geist »inkarniert« sich zu Leib. Wenn man den Menschen als leiblich-geistige Einheit begreift, ist das Spiel ursprünglicher Vollzug des Menschseins.

Dasein als Spiel

Zusammenfassend umschreibe ich den Begriff des Spiels:

Das Spiel ist eine freiwillige Handlung,
- die in abgegrenzter Zeit und an abgegrenztem Ort nach gegebenen oder vereinbarten Regeln stattfindet,
- die vom gewöhnlichen Leben abgehoben ist und oft dessen Rollen verändert,
- die die Sinne anspricht und Schönes erleben lassen will,
- die Entspannung voraussetzt und über Anspannung neue Entspanntheit schafft,
- die Vertrauen braucht und zugleich vertieft,
- die ein Ende hat, aber wiederholbar ist,
- die bildet und Sinn vermittelt,
- die keinen unmittelbaren Zweck hat, sondern im Vollzug Freude bereitet,
- die humanen Geist friedlich und beglückend verleiblicht.

Was ist das Gegenteil des Spiels? Spontan würden wir den Ernst anführen, doch sofort bemerken wir, mit wie viel Ernst, ja Verbissenheit wir viele Spiele spielen. Vielleicht kann man als Gegenstück zum Spiel die Arbeit ansehen: Sie hat einen Zweck und braucht ein Ergebnis, sie muss in realer Welt stattfinden und diese gestalten – und zwar mit bleibender Wirkung –, sie befriedigt Primärbedürfnisse und ist daher notwendig,

ihre Zeit ist meist nicht wählbar, sondern vorbe-
stimmt. Und doch: Manche Arbeit wird durch Spiele
angeregt und befruchtet, umgekehrt wird manches
Spiel – nicht nur dort, wo es professionell betrieben
wird – zur harten Arbeit. Vielleicht ist ja diejenige Arbeit die effektivste, die man wie ein Spiel macht, ja in
der man sich wie in einem Spiel verliert. »Spiel« hat
wohl kein Gegenteil, unser Begriff davon ist nicht
randscharf. Das Spiel bleibt einzigartig, nicht genau zu
begrenzen oder einzufangen, bleibt selbst spielerisch.[4]
Schließlich hängt auch, ob wir etwas und was wir als
Spiel empfinden, vom Spiel unseres Empfindens und
von unserer Wahrnehmung ab: Jedes Spiel ist emotional und subjektiv, gehört einer personalen, rational
nicht ganz einholbaren Ordnung an, und nur wer frei
spielen will und an das Spiel glaubt, spielt.

Ist aber, so verstanden, nicht alles Leben Spiel? Fragen
wir umgekehrt: Wer spielt nicht? Notleidende empfinden ihr Leben nicht als Spiel, für sie ist es bitterer
Ernst, Kampf ums Überleben. Wer von Angst gepackt
ist, spielt nicht. Sterbende stehen am Ende des Lebens
und damit am Ende aller Spiele, in endgültiger Ver-
antwortung, unfreiwillig und einmalig, ganz und gar
frei, im Herzen voller Zweifel oder voller Hoffnung.
Kein Spiel ist also, wo Leben eingeschränkt oder am
Ende ist. *Spiel ist, wo Leben blüht.* Leben ist ohne Spiel
nicht denkbar und nicht lebbar. Insofern das Dasein
lebendig ist, spielt es; wo es stirbt, spielt es nicht
mehr.

Nochmals gefragt: Was aber ist das Spiel? Zum Spiel
gehört – wie zu jedem gelungenen Leben – immer
der Charakter des Zusätzlichen und Überschüssigen,
des Überflüssigen und ein wenig Sinnlosen, des Will-
kürlichen und Austauschbaren, des Lebensprallen und

ein wenig Genusssüchtigen, auch der des Ungeschuldeten und Geschenkten, daher der des frei Ergriffenen und des dankbar Verkosteten. Spiel ist vielleicht das, was »Leben« über das bloße Überleben oder Existieren hinaus meint.

Die oben zusammengestellten Kennzeichen des Spiels gelten alle für das Leben – außer der Wiederholung. Das Leben ist einmalig! Nur wird es nach dem Tod fortgesetzt und überboten in einem neuen Leben, ohne Zeit und Raum, einem anderen und ewigen Spiel; doch davon später.

Selig, wer sein Dasein als spielerisch verstehen darf, wer es spielend lebt. In unserer westlichen Welt sind wir meist so gut situiert, dass wir Freiräume für das Spiel haben und seine Freuden genießen können – wer etwa Geld und Zeit findet, dieses Buch zu kaufen und zu lesen, ist wohlhabend genug, um zu spielen, zumindest mit den hier vorgelegten Gedanken. Es ist paradox: Wohlstand schafft Spielraum, allerdings finden auf ihre Weise auch arme und ärmste Menschen Spielräume; diese sind meist einfacher, sinnlicher, gemeinschaftlicher – also für das Spiel noch geeigneter?

Für die Freiräume und für die Gnaden des Spiels gilt es zu danken. Als Spiel können wir dann alles verstehen, was aus dem Notwendigen des Alltags ausgegrenzt ist, was frei ist und künstlerisch, was in sich selbst Freude macht und bildet, was uns packt und bewegt, was zum Geistigen hinzieht und es verleiblicht, was spirituelles Leben fördert und zum inneren Frieden hilft.

Ein Beispiel: Im Jesuitennoviziat spielten wir am Freitagnachmittag auf dem Sportplatz eineinhalb Stunden Basketball. Nach obiger Bestimmung galt: Zeit und Ort waren abgegrenzt. Alltägliche Rollen waren aufgehoben: Der Novizenmeister, sonst eine starke Autorität, war ein einfacher Mitspieler, eher mittelmäßig begabt, überhaupt waren viele der sonst Starken schwach und umgekehrt. Der Leib mit allen Sinnen war gefordert, und ein gelungener Spielzug und Korbwurf wurde von allen, auch von der gegnerischen Mannschaft, als schön erlebt. Man ging entspannt in das Spiel – es ging ja um nichts –, war dann atemloskonzentriert und damit höchst angespannt, nach dem Spiel aber war man gut entspannt für andere Aufgaben. Die Mitglieder einer Mannschaft mussten einander vertrauen und miteinander kooperieren, ebenso vertraute man den anderen Mitspielern, dass sie regeltreu und ehrlich spielten. Fehlpässe und verfehlte Korbwürfe enttäuschten, wurden aber gerne verziehen. Immer wieder spielten wir freitags Basketball, in der Wiederholung wurde das Spiel zum Ritual, machte immer neu Spaß. Es bildete den fairen Umgang der Spieler aus und schweißte sie zusammen. Es war zweckfrei und suchte die Freude im Spiel selbst. Man war angespornt zu siegen und nach dem Spiel stolz darauf, aber der Sieg war unwichtig und wurde bald wieder vergessen. Dankbar waren wir, wenn wir die Zeit zum Spiel gefunden hatten und die Umstände wie etwa das Wetter passten. »Geistige« Ideale wie Respekt und Vertrauen, Zusammenarbeit und Ehre – in Gesprächen oft beschworen – trainierten wir »leiblich«.

Spiel und Spiritualität

Mehrfach wurde angedeutet: Zwischen Spiel und Spiritualität besteht ein enger Zusammenhang. Wer gut zu spielen weiß, findet leichter in das spirituelle Leben, und der spirituelle Mensch kann hingebungsvoll und getröstet – vielleicht auch fairer? – spielen.

Nach dem Ideal Jesu (vgl. z.B. Mt 18,1–5) sind *Kinder der Inbegriff seliger Existenz*. Selbstvergessen und selbstverloren spielen sie, stundenlang hingegeben, in abgrundtiefem Vertrauen, dass die Welt und die Menschen gut sind und ihr Leben geborgen ist in der Güte Gottes. Die Seligkeit der Kinder besteht nicht in ihrer Bedürftigkeit oder darin, dass viele ihrer Fähigkeiten noch unausgebildet sind – man würde den Mangel verklären –, sondern darin, dass sie spontan Freude empfinden, dass sie interesselos den Augenblick verkosten, dass sie dankbar und vertrauend sich dem hingeben, was sie – und sei es noch so gering – an beschränktem Ort und in beschränkter Zeit vorfinden, dass sie so klein sein können, wie sie sind, und sich nicht größer machen müssen, dass sie Zuwendung vorbehaltlos annehmen und daraus leben, dass sie – mit einem Wort – aus dem Spiel und im Spiel leben. »Selig« bedeutet in der Sprache der Bibel: Gott nahe; aufgenommen in sein »Reich«, das aus Gerechtigkeit und Friede, aus Liebe und Glaube und Hoffnung besteht. Deswegen sagt Jesus: »Werdet wie die Kinder!«, und dieses Wort Jesu gilt, auch wenn wir wissen, wie früh sich schon bei Kindern der Wurm des Bösen einschleichen kann ...

Im Spiel lernen wir, *dass Leben Gnade ist*: Ob wir heute Zeit und Muße haben zu spielen, ob wir gerade in der rechten Gestimmtheit und Entspannung sind, ob wir bereite Mitspieler finden, ob das Spiel nicht im Streit oder im Ärger endet, sondern gelingt und Freude macht, ob also der *kairos* – der rechte Augenblick – sich einstellt, all das können wir wünschen, und wir können das Unsere dazu beitragen, aber es liegt nicht wirklich in unserer Hand. Gelungenes Spiel ist – so empfinden wir immer wieder – Fügung, Geschenk, Gnade. Erfüllte Begegnung – und welches Spiel ist das nicht? – können wir nicht *machen*, sie wird uns *gegeben*. Auf solche Gnaden haben wir kein Recht, sondern sie sind unverdient, ungeschuldet, gratis; mal werden sie gewährt, mal entzogen – was in der freien Verfügung eines Anderen liegt. Entscheidend für das spirituelle Verkosten wird sein, dass wir aufmerksam werden für das Geschenk des Spiels und stetig dafür danken.

Der Spieler braucht *Vertrauen und Glauben.* Nur wer angstfrei sich eine Auszeit aus dem allzu Triebhaften und aus dem bloß Effektiven gönnt, wer seine Besitztümer vertrauensvoll verlassen und sich in den Spielraum hineingeben kann, wer auf die Mitspieler und deren Fairness vertraut, wer auf die Sinnhaftigkeit des Daseins als Ganzes baut, wer sich eingeborgen weiß in die Fülle des Lebens, wer also im Letzten *glaubt*, kann sich frei und ohne Vorbehalte auf das Spiel einlassen. Wer nicht glaubt, wird ängstlich auf dem Seinen beharren, er kann nicht spielerisch sich hingeben, er wird immer etwas wollen und berechnen und sichern. Umgekehrt stellen wir fest, dass das Spiel das Vertrauen und den Glauben auch stärkt: Wer spielend Freude und Sinn erfährt und Gemeinschaft und Beziehung erlebt, wird mehr den Menschen vertrauen, er wird freier und offener leben, er wird ein tieferes Ja zur Welt und zu den Menschen, zum Dasein und zu Gott sprechen.

Das Spiel übt den *Wegcharakter* des Lebens ein: Ein Spiel ist ein Prozess, auf ein Ziel hin; ist das Ziel erreicht, ist das Spiel aus. Der Sinn des Spiels liegt aber nicht im Ergebnis, sondern im Weg selbst. Man kann also sagen: *Der Weg ist das Ziel* – wir spielen zweckfrei, nicht ergebnisorientiert, aus reiner Lust am Vollzug. Paradoxerweise kann man jedoch hinzufügen: *Der Weg ist nicht das Ziel* – denn das Spiel ist ja begrenzt, es soll zu einem Ende kommen, damit danach wieder anderes kommt, der Alltag, der nächste Schritt, weiteres Leben, neue Spiele. Spirituell gedeutet: Hier im Leben dürfen wir die kleinen, endlichen Wegabschnitte ganz und gar genießen, zweckfrei uns der Freude der täglichen Spiele hingeben, mögen sie unspektakulär und beschämend bescheiden sein, aber mit der ganzen Aufmerksamkeit auf dem Hier und Jetzt des eingegrenzten Tuns; doch zugleich sind wir, wissend um die Grenzen und um die Vorläufigkeit aller irdischen Spiele, ganz auf das Ende dieses Lebens ausgerichtet, im Inneren hingeordnet auf den Himmel, der zwar in irdischen Spielen schon zu erahnen ist, aber das wahre Leben in seiner Fülle und so das vollendet-ewige Spiel erst noch bringen wird.

Im Spiel *üben* wir. Mühselig trainieren wir unsere Fertigkeiten: mühevoll und selig – also im oft schmerzhaften Kampf gegen Grenzen und Widerstände und zugleich im lustvoll erfahrenen und stetig erweiterten Können. Wer resigniert hat, übt nicht mehr. Nur wer glaubt und hofft, übt. Übend gibt der spielende Mensch seiner Hoffnung und seinem Glauben Ausdruck.

Das Spiel *bildet*: Es lehrt uns die Vorläufigkeit irdischer Erfolge und Ehren, es übt humane und spirituelle Werte ein wie das Loslassen, die Beziehung, die Freude, das Schöne, das ehrliche Streben, und es weist – indem es »nur« Spiel ist und irgendwann unweigerlich endet – über sich selbst hinaus auf Größeres: auf das Ganze und dessen Sinn, auf das Leben und dessen Schöpfer. Nicht nur Psychotherapie und Psychiatrie, auch die Pädagogik nutzt Spielmethoden, um Lernprozesse etwa von Kranken oder Kindern zu fördern; als spirituelle Spielpädagogik werden die Exerzitien später vorgestellt werden.

Im Spiel *werden wir zum Ebenbild des Schöpfers*: Nach Nikolaus von Kues[5] liegt in der Fähigkeit zum Spiel die eigentliche Würde des Menschen, denn spielend schafft sich der Mensch neue Welten, er gestaltet sie sich und genießt sie – und genau darin, in freier, kreativer Potenz, wird er Gott ähnlich! Spielende Menschen berühren Gott: Ihr Spiel wird zum spirituellen Vollzug, zum Gebet und zur Liturgie des Daseins.

2. Spiel ist ernst

Ist das Spiel nun heiter oder ernst? Ist es Realität, also Welt – oder Flucht aus der Realität, hinein in eine fiktionale, unwirkliche Welt? Viele Spieler sind mit äußerstem Ernst bei der »Sache« ihres Spiels: die hoch konzentrierte Schachspielerin, der verbissen auf den Spielautomaten einhämmernde Jugendliche, der vor dem Bildschirm stundenlang in sich versunkene Computerspieler, die Schauspielerin beim Rezitieren des großen Monologs der Antigone, der schwitzende Tour-de-France-Fahrer, die Nachbarskinder, die, von anderen Kindern betrogen, in Tränen zerfließen. Wie ernst ist das Spiel wirklich?

Unwirklich oder wirklich?

Zum einen ist das Spiel ein Produkt der Phantasie, eine künstliche Welt, bloßes Theater, Fiktion wie ein Roman, ein Weggehen aus dem Realen und Bedrängenden, ein Reich schöner Ideen, eine selbst geschaffene heile Welt, ein gemütliches Beisammensein. Ist das Spiel nur schöngeistig und nett, *l'art pour l'art*, willkürlich und belanglos, ein weltfremder Zeitvertreib, eine fromme Illusion?

Zum anderen führt das Spiel in die Realität hinein, es weckt wirkliche Leidenschaft, führt zu Aggression und Kampf, es bildet und prägt und verändert das Leben der Menschen. Finanziell bringt das Spiel einer weltweit operierenden Industrie hohe Umsätze, von denen wiederum menschliche Existenzen abhängen. Wichtiges Prestige bringt es nicht nur Einzelnen und

Gruppen, sondern in globalisierten Spielen wie den Olympischen ganzen Nationen – und das Prestige wird angestrebt, weil es sich politisch und wirtschaftlich auszahlt. Das Spiel »bringt etwas«, es gestaltet und »macht« Realität – hat es seine Zwecklosigkeit und sein Spielsein damit preisgegeben?

Zwischen Unwirklichem und Wirklichem, so könnte man beide Beobachtungen verbinden, oszilliert das Spiel, zwischen Realität und Fiktion schwebt es gleichsam. Nun ist ja auch eine erdachte, fiktionale Wirklichkeit wirklich, auch ein Bild des Wirklichen prägt und gestaltet Wirkliches. Genau an dieser Schnittstelle findet sich das Spiel. Vielleicht ist es deswegen begrifflich so schwer fassbar, und vielleicht liegt hier die Nähe zur Spiritualität.

Gutes Spiel packt und begeistert Spieler und Zuschauer, es bildet ihr Leben ab und belehrt sie über das Leben, über seinen Geist, seine Werte, seine Ideale, seine Freuden. Nochmals paradox formuliert: Gutes Spiel führt, indem es aus der alltäglichen Realität herausführt, tiefer in das reale Leben hinein, und indem es in die Realität hineinführt, weist es über sie hinaus auf das, was sich jenseits der real erlebbaren Welt findet. Das ganz und gar in der Erde und im Leib und in der Wirklichkeit verwurzelte Spiel ist ein Verweis: auf Geistiges, auf Größeres, auf Transzendentes, auf den so sehr ersehnten Himmel – der wiederum noch gänzlich irreal und doch zugleich schon sehr real ist.

Woody Allen spielt in einigen Filmen damit, dass die fiktionale Story – ein Film im Film – plötzlich zur realen Story des Films wird und umgekehrt. Im Changieren zwischen den Realitätsebenen verwirrt Woody Allen die Figuren im Film und natürlich auch die Zuschauer – damit provoziert er die Übertragung des

Bildes auf die Realität und umgekehrt. Auch soll seine Story wie alle guten Filme und Theaterstücke und Spiele die Lebensstory der Zuschauer oder zumindest Aspekte daraus abbilden und deuten, anregen und wandeln. Doch genau hier liegt Gefahr: Spielend kann man das Spiel verderben oder missbrauchen, und es wird zum bösen Spiel.

Dämonisches im Spiel

Das Spiel kann seinen Spielcharakter verlieren, wie von einem Dämon besetzt sein und sich gegen Spieler und Zuschauer wenden. Einige Beispiele hierzu:
Ein Politiker spielt mit Statistiken, mit Informationen und mit seinem Sprechen darüber, um unangenehme Wahrheiten zu verschleiern, um Wähler zu verführen oder um seine Linie durchzusetzen. Er selbst nimmt das ganz locker – »so ist eben die Welt«. Wer jedoch das Spiel durchschaut, empört sich. Der Spieler benutzt die fiktionale Welt des Spiels, um die Wahrnehmung der Realität zu manipulieren oder von ihr abzulenken.
Ein Unternehmer produziert neue und immer raffiniertere Spielautomaten, die die Kunden zum Weiterspielen verführen und ihnen das Geld aus der Tasche ziehen. Seine Apparate dienen kommerziellen Interessen, führen zu Suchtverhalten und zerstören Existenzen.
Eine Schauspielerin nimmt nur Rollen an, in denen sie im Mittelpunkt des Stückes steht und sich entsprechend grandios inszenieren kann. Sie verabsolutiert ihre Ehre und ihre Karriere. Das Theaterspiel muss ausschließlich ihren narzisstischen Bedürfnissen dienen.

Ein Radprofi beugt sich dem Druck zu immer unmenschlicheren Leistungen und dopt sich, um wie die anderen »ganz vorne mitzuspielen«. Damit befolgt er die inoffiziellen, verletzt aber die offiziellen Spielregeln und schädigt seinen Körper, um des Vorteils im Spiel, um des Prestiges und um des Profits willen. Das sportliche Spiel hat ein Klima des Kommerzes, der Lüge und der Zerstörung angenommen und zwingt alle Spieler mitzumachen.

Eine Diktatur »spielt mit den Muskeln« der Polizei und der Geheimdienste, oft in kleinen symbolischen Akten. Sie erzeugt damit ein Klima der Angst und macht die Bürger gefügig. Macht und Gewalt in spielerischer Form zu zeigen, bedeutet, sie nicht anzuwenden, sie »nur spielerisch«, also »nicht ernst gemeint« zu demonstrieren, aber eben doch mit ihr wirksam zu drohen und Freiheit zu verhindern. Solche Spiele helfen zur Unterdrückung ganzer Völker.

Eine alte Dame, die − ehrlich betrachtet − depressiv und vereinsamt ist, schaut hingebungsvoll die Vorabendserien im Fernsehen an. Sie flieht in die schöne Welt des Scheins und findet darin Zuflucht und Trost. Fernsehspiele helfen ihr, sich in eine fiktionale Welt zu träumen, die sie jedoch keineswegs in ihre Wirklichkeit zurückführt oder ihr gar Schritte zeigt, wie sie ihre Probleme angehen kann.

Ein gut aussehender Geschäftsmann mittleren Alters bekämpft seine innere Leere mit Sexspielen. Spätabends besucht er im Internet die entsprechenden Seiten, und auf Dienstreisen sucht er Frauen durch das Spiel seines Charmes zu verführen. Er will nicht bemerken, wie er das erotische Spiel zur Kompensation seines Frustes missbraucht, auf Kosten der Frauen, ihrer Gefühle und ihrer Würde, und selbstverständlich ohne seine innere Leere mit wirklichem Leben zu füllen.

Ein junger IT-Fachmann ist süchtig nach Computerspielen, in denen er seine Aggression abarbeitet. Eine arbeitslose Frau mittleren Alters trinkt zu viel Likör, um in den Phantasiespielen des Rausches ihr Elend zu vergessen und sich grandios zu fühlen. Im Casino verschleudert ein Spielsüchtiger sein ererbtes Vermögen. Ein Motorradfahrer, rauschhaft verliebt in den Nervenkitzel, rast über kurvige Bergstraßen und bringt so sich und andere in Lebensgefahr. Beispiele gäbe es tausende: Spielen kann süchtig machen und Menschen in den Abgrund treiben.[6] Die Macher der Spiele nutzen dies kommerziell aus – gnadenlos.

Das Falsche, Dämonische, Kaputte im Spiel: Meist geht es darum, dass *Interessen* das Spiel beherrschen und der Mensch dafür *benutzt* wird. Diese Interessen sind oft materielle und immer irgendwie egoistische; es geht um Geld, Macht, Sex – Urtriebe der Menschheit, die aus sich selbst Wertvolles anstreben, aber allzu leicht ins Dämonische verkehrt werden. Dämonische Spiele nutzen die Schwäche der Menschen aus, ihre innere Leere und Einsamkeit, die Verletzlichkeit, die unerfüllte Sehnsucht, die Aggressivität, die Gier. Das Spiel ist nicht mehr frei und zwecklos, nicht mehr Geschenk und Freude, es findet seinen Sinn und seine Fülle nicht mehr in sich, sondern dient fremden Zwecken als Mittel und versklavt die Menschen dazu. Dieses Spiel ist nicht mehr Spiel. Das Umkippen vom guten Spiel zum dämonischen Konstrukt geschieht oft verborgen, subtil, kaum bemerkbar, versteckt hinter dem schönen Schein und dem schnellen Vergnügen. Eine gute Praxis der »Unterscheidung der Geister« wird helfen, den guten Spielgeist vom Dämon zu unterscheiden.

Gewinnen und verlieren

Spiel ist oft Wettstreit: so Fußball und die meisten sportlichen Spiele, »Mensch ärgere Dich nicht« und viele Brett- und Kartenspiele, Pferdewetten und andere Wettspiele, Schach und die meisten Rätsel- und Denkspiele. Im Wettstreit gibt es Gewinner und Verlierer, es gibt persönliche Rekorde und Weltrekorde – das Guinness-Buch der Rekorde hält eine ganz Armada von rekordsüchtigen Spinnern auf Trab. Spieler wollen gewinnen – mit heiligem Ernst!

Was wollen Spieler gewinnen? Sie kämpfen um einen Einsatz, einen Preis, einen ausgesetzten Gewinn.[7] Bei manchen Spielen, etwa sportlichen, ist für den Gewinn fast allein die Leistung des Spielers ausschlaggebend, bei anderen die Leistung zusammen mit einer guten Portion »Glück«, also dem puren Zufall – beim Skat muss man klug sein *und* Kartenglück haben –, bei wieder anderen nur das Glück, etwa beim Lotto. Immer ist im Einsatz eine Unsicherheit, ein Risiko – das macht die Spannung des Spiels aus, den Nervenkitzel, die Lust. Oft gilt: Je mehr man einsetzt, desto weniger wahrscheinlich, aber größer wird der Gewinn sein.

Nur wer ins Spiel wirklich eintritt, hat teil an dieser Lust des Gewinnens. Er muss sich auf das Spiel einlassen, entweder selbst als Spieler oder wenigstens als Zuschauer, der Partei ergreift, sich also mit Spielern oder mit einer Mannschaft identifiziert und so an deren Gewinn oder Verlust teilhat. Wer distanziert bleibt, hat nicht teil am Spiel. Wer im Leben immer auf Distanz bleibt, weil er das Risiko scheut, lebt nicht.

Am Ende freut sich der Gewinner, der Verlierer ist enttäuscht. Der Gewinner will beim nächsten Spiel wieder gewinnen, denn erst die Serie gilt als Erfolg.

Der Verlierer setzt alles daran, bei nächster Gelegenheit die Scharte auszuwetzen.

Was wollen Spielende im Letzten gewinnen? Auf irgendeiner Ebene geht es beim Wettstreit fast immer um die *Ehre*: Man will vor anderen gut dastehen, groß sein, etwas gelten. Man will geehrt und bejubelt werden. Die Ehre ist Antrieb, den Einsatz zu wagen, und Motiv für die spielerische Leistung. Weil manche Menschen sich im wirklichen Leben klein fühlen und darunter unendlich leiden, suchen sie im Spiel die verlorene und ersehnte Größe zu erreichen: endlich andere überragen, wichtig sein und bedeutend. Die Ehre des Gewinners überträgt sich auf seine Gruppe: beim Schach auf den Klub, bei der Tour de France auf das Radsport-Team und seine Sponsoren, bei Olympischen Spielen auf die Nation. Oft tritt zur Ehre wiederum ein materieller Effekt – so durchdringen sich die Motive gegenseitig, putschen sich auf, und manch ehrenwertes Motiv wird überformt von ziemlich egoistischen Antrieben.

Das Streben nach Ehre ist urmenschlich und zugleich zutiefst ambivalent. Man gönnt jedem Gewinner seinen Erfolg, wenn er sich herzlich über ihn freuen kann und seine Identität und sein Selbstwertgefühl nicht ausschließlich an der Ehre festmacht. Umgekehrt misstraut man spontan einem Gewinner, der allzu fixiert ist auf seine Leistung und sich nur von ihr her definiert. Spiele haben ein Ziel, das Gewinnen. Aber nach dem Spiel kehrt man zurück in den Alltag, das Spiel tritt in den Hintergrund. Ob man gewonnen oder verloren hat, macht nicht den Wert oder den Sinn des Lebens aus. Diese liegen auf anderer Ebene. Ehre im Spiel hat viel mit Spiritualität zu tun. Im Kapitel über die Exerzitien werde ich darauf zurückkommen. Hier nur dies: Wer spirituell in einem größeren Ganzen verankert ist, wer seine Identität letztlich aus dem Schöpfer aller Gaben bezieht, der kann sich freier auf das Spielen einlassen, kann offener ein Wagnis eingehen, und er kann mit innerer Leichtigkeit gewinnen oder verlieren. Selig sind nicht nur die guten Verlierer, sondern auch die guten Gewinner. Sie spielen zwar mit großem Ernst und Einsatz und Eifer, aber das Spiel ist für sie nur ein Spiel und eben nicht das ganze Leben. Wer sich im großen Spiel des Lebens verbissen darauf fixiert, Leben zu gewinnen, wird es verlieren; wer bereit ist, Leben zu verlieren, wird es gewinnen – so ein Grundwort Jesu (Mt 18,25 u.a.).

3. Spiel ist heiter

Nach dem Ernst des Spiels nun dringend ein Blick auf die andere Seite: Denn was uns zu spielen motiviert, ist ja die Freude und die Lust, das Freie und das Gelassene, die Sehnsucht nach Leben und das Ja dazu, leben zu dürfen. Im Theater und im Kino zelebrieren vor allem die Komödie und die Satire die heitere Seite allen Spiels. Mit den Stilmitteln der Ironie und des Humors wird der Zuschauer zur Erkenntnis geführt.

Experimentieren dürfen

Im Spiel probieren wir immer etwas aus. Mit aufgestellten Regeln, mit Spielen der Phantasie, mit Lust und Kreativität und mit allen zur Verfügung stehenden geistigen und körperlichen Kräften gehen wir in eine künstliche Welt hinein, »tun so als ob« und probieren einige Möglichkeiten durch. Weil wir »nur spielerisch« experimentieren und »nicht echt«, hat das Ergebnis nicht die volle Wucht für das reale Leben. Noch unverbindlich dürfen wir mehrere Möglichkeiten durchspielen, Irrtümer begehen, Fehlversuche revidieren, über Umwege ausprobieren, welcher Weg der beste ist. Gute Lösungen finden wir meist nicht nur durch Denken und Analysieren und Planen, sondern durch Erfahrung. Das Experiment hilft uns zu wirklicher Erfahrung, ohne schon alle Wege festzulegen.

Dazu haben wir im Spiel die Zeit und den Raum, die Energie und die Lust, die Gelassenheit und die Freiheit – sozusagen die Spielwiese: Das Management einer Firma macht Planspiele und probiert mit dieser

Methode verschiedene Projekte durch, um herauszufinden, welches für die Entwicklung des Unternehmens das beste sein wird. Pfadfinder experimentieren in Geländespielen mit ihren körperlichen Kräften und mit ihren strategischen Fähigkeiten. Eine junge Ärztin, die Exerzitien macht, spielt in ihrer Phantasie durch, welche Facharztausbildung und welche Stelle sie anstreben soll. Ein Regisseur probt lange mit seinen Schauspielern, um die beste Darstellung des Stücks experimentell herauszufinden. Ein Mädchen spielt mit der Puppe und nimmt auf diese Weise schon ein wenig das für später erhoffte Mutterglück vorweg.

Für das Experiment braucht man eine gleichsam spielerische innere Freiheit: nicht nur Zeit und Raum und Geduld, nicht nur den Mut zu ungewöhnlichen oder verrückt erscheinenden Alternativen, nicht nur die Gelassenheit, sich auf Verschiedenes und Fremdes einzulassen, sondern auch und vor allem die Haltung des Ergebnisoffenen – denn wer schon vorher festgelegt ist, spielt nicht frei. Man braucht eine spielerische Heiterkeit, um mit grundlegend wohlwollendem Blick, mit vorurteilsloser Aufmerksamkeit, mit der Demut des Fehlbaren und auch mit einer gewissen Lust am Fehlermachen mehrere Alternativen durchzuprobieren. Wenn eine Gruppe experimentiert, soll jedes Mitglied sich frei einbringen dürfen, ja auch sich – in angemessenem Maß – austoben und blamieren dürfen. Ist die Gruppe dafür nicht offen, ist das Spiel sinnlos.

Am Ende ist das Experiment auszuwerten: Der Spieler prüft, welche Alternative welche Vor- und welche Nachteile hat, und vor allem spürt er bei sich selbst, wohin es ihn mehr zieht, welche Erfahrung ihm mehr

Freude und mehr Friede bringt. Für sachbetonte Entscheidungen werden selbstverständlich die sachlichen Ergebnisse höher zu werten sein, für persönliche Entscheidungen mehr das, was man emotional und zwischenmenschlich im Experiment wahrnimmt, und doch fließen immer beide Ebenen zusammen. Das Spiel erlaubt, interesselos und frei und mit heiterer Gelassenheit wahrzunehmen, wohin – so wird der spirituelle Mensch sagen – der Geist ihn treibt.

Der Himmel lacht

Wie ernst und wie heiter ist das Leben im Letzten, also vor Gott? Nur mit Blick auf den Schöpfer allen Lebens können wir uns dieser Frage nähern, daher ist nun ein wenig Theologie nötig. Beginnen wir mit zwei berühmten Zitaten, einem aus der Bibel und einem aus Platons »Gesetzen«:

Im Buch der Sprüche, einem Weisheitslied des Alten Testaments, sagt die Weisheit über den Schöpfer: »Als er den Himmel baute, war ich dabei, als er den Erdkreis abmaß über den Wassern, als er droben die Wolken befestigte und Quellen strömen ließ aus dem Urmeer, als dem Meer seine Satzung gab und die Wasser nicht seinen Befehl übertreten durften, als er die Fundamente der Erde abmaß, da war ich als geliebtes Kind bei ihm. Ich war seine Freude Tag für Tag und spielte vor ihm alle Zeit. Ich spielte auf seinem Erdenrund, und meine Freude war es, bei den Menschen zu sein« (Spr 8,27–31).

Wen oder was bezeichnet im Buch der Sprüche diese »Weisheit«? Man weiß es nicht genau. Ist sie der ideale weise Mensch? Oder die gut geschaffene Menschheit? Oder der Heilige Geist – dann ist dieser übrigens weiblich!? Im Christentum wird diese »Weisheit« seit alter Zeit auch mit Christus identifiziert: Er ist die Weisheit Gottes, durch die und in der von Anfang an alles geschaffen wurde und die in allem weise waltet. Jesus Christus *ist* der ideal weise Mensch. Das spielende Kind des Textes ist dann der Jesusknabe, der auf den Armen seiner Mutter mit der Weltkugel spielt, ganz in der Spannung zwischen göttlicher Allmacht und kindlich-spielerischer Ohnmacht! In der Ikonographie variieren die Spielzeuge des Jesuskindes: Äpfel, Vögel, Blumen, der eigene Fuß, die Brust der Mutter, das Kreuz. Das göttliche spielende Kind – ein Mythos, ja eine Art Archetyp der menschlichen Seele, der noch in den mit Weltkugeln spielenden barocken *putti* seine letzte, heute kaum mehr verständliche Gestalt findet.[8] In der Schöpfung waltet also ein spielerisches Element. Gott spielte – oder spielte er *nur*, als er Welt und Menschen erschuf? Wie ernst meinte er uns? Und was bedeutet das für unser Spiel?

Platon, der griechische Philosoph, schreibt um 400 v. Chr.: »Ich versuche, die für die Menschen beste Gestaltung der Lebensweise darzulegen. Und ich komme mir dabei vor wie ein Schiffsbaumeister, der seinen Bau damit beginnt, dass er mit der Kiellegung dem ganzen Schiffskörper seine Gestalt vorzeichnet. Wie er, so vollziehe auch ich eine Art von Kiellegung, wenn ich eine richtige Erkenntnis davon zu gewinnen suche, durch welches Verfahren und mit welcher Gemütsart wir unser Lebensschifflein am besten durch die Klippen dieses menschlichen Daseins hindurchsteuern. Was ich aber sagen will, ist dies: Das Ernsthafte muss man mit Ernst betreiben, was aber keines Ernstes wert ist, das nicht. In der Tat und Wahrheit aber ist es *Gott*, der allen seligen Ernstes wert ist. Der

Mensch dagegen ist ... nur ein Spielzeug in der Hand Gottes, und ebendas ist in Wahrheit gerade das Beste an ihm. Jedermann also, Mann wie Frau, muss diesem Ziel nachstreben und die schönsten Spiele zum eigentlichen Inhalt seines Lebens machen.«[9]

»Spielzeug in der Hand Gottes« zu sein, klingt abwertend, und doch sei es »das Beste« am Menschen. Diese Paradoxie ist zu deuten: Mit Hugo Rahner können wir sagen, die Schöpfung ist *nicht notwendig*, also spielerisch entstanden, aus göttlicher Freiheit, wie ein dahingeworfener Versuch, aus freiem Künstlertum, überschüssig. Zugleich ist sie *sinnvoll*, als gute gewollt; darin hat sie ihren heiligen Ernst und ihre vorläufig bleibende, aber nicht unendliche Gültigkeit. Indem wir Spielzeug Gottes sind, erfüllen wir, was Gott mit seiner Schöpfung wollte! Das ist das Beste an unserer Existenz.

Ich bin überzeugt: Der Himmel lacht über uns, und das nicht zu selten; über unsere oft verbissene Leidenschaft, über unsere manchmal kleinliche und enge Moral, über unser Gewinnen- und Verdienenwollen, über unsere Eifersuchts-, Neid-, Macht- und Karrierespielchen. Natürlich lacht er auch aus Freude: über unsere Lust zu leben, über unsere Kreativität und Freiheit, unsere Liebe und Schönheit. Als Gott uns schuf, hat er seine Schöpfung nicht so ernst gemeint! Zum Spiel und zur Freude setzte er uns in die Welt. Indem wir spielen, ahmen wir nach, wie er göttlich mit uns spielt. Kreativ – auf Nikolaus von Kues wurde schon hingewiesen – schaffen wir neue Spielwelten und gleichen uns so seinem Schöpfersein an; zu seinem Eben bild sind wir bestimmt! Nur ist sein Spielen, im Gegensatz zu unserem, immer gut und heilsam. Dieses sollen wir nachahmen, davon uns prägen und verwandeln lassen. Solches Spielen wird der Kiel unseres Lebensschiffleins sein. Die Weihnachtsfrömmigkeit der Kirche stellt uns den spielenden Jesusknaben vor Augen: das göttliche Kind, das uns lehrt, was es heißt zu leben.

Gelassene Leidenschaft

Im Spiel gibt es Gewinner und Verlierer – das ist oft willkürlich und ungerecht. Das Lebensspiel ist ungerecht: Der eine bekommt viel, der andere wenig. Ein herzensguter und liebevoller Mensch erleidet Schicksalsschläge ohne Ende, ein genusssüchtiger und egoistischer Mensch genießt unbeschwert seine Tage. Wie damit umgehen?

Versuchen wir, das ganze Leben als Spiel zu sehen: Es findet in begrenztem Raum und in begrenzter Zeit statt. Es soll Freude in sich selbst finden. Es hat ein Ziel, aber keinen Zweck, und es braucht kein vorweisbares Ergebnis zu zeitigen. Um zu leben, müssen wir vertrauen, aber zugleich wächst durch das Leben das Vertrauen. Das Lebensspiel hat Regeln und Rollen, die uns teils vorgegeben sind, die wir teils aber auch selbst gestalten. Es hat wiederholbare Elemente, aber auch ein Ende, das wir nicht zu bestimmen, an dem wir aber alles loszulassen haben. Es ist nicht notwendig, aber sinnvoll. Es ist zugleich ernst und heiter. Es ist heute außer Mode, auf das Jenseits zu verweisen. Schon in diesem Leben wollen wir zu Glück und Friede finden, in diesem Leben wollen wir Kirche und Gesellschaft so reformieren, dass alle Welt gut und erfüllt lebe. Doch damit überfordern wir uns selbst. Das Leben ist so nicht gemacht. Wer in diesem Leben alles Glück sucht, verbohrt sich in seinem Machen, er verkrampft sich, wird zum Nörgler und zum Geizkragen, zum Spielverweigerer oder gar zum bösen Falschspieler – die Verleugnung des Jenseits und gleichzeitige Fixierung auf das Diesseits schafft Unmoral und schlechte Stimmung, auch unter Christen.

Der spielende Mensch ist heiter und ernst, er nimmt die Dinge wichtig und doch nicht so wichtig. Er wählt aus der Fülle der Spielmöglichkeiten die eine und die andere aus, spielt diese mit Leidenschaft, aber ohne Druck und ohne verbissen gewinnen zu wollen, und er freut sich an den Freuden seines jetzigen Spiels, ohne sofort auf das nächste zu schielen. Er vergleicht sich nicht ständig mit seinen Nachbarn. Er ist froh – weil in Gott geborgen – und zugleich ernst: ständig vom Spielerpech und von missbrauchter Freiheit bedroht. Er nimmt das Leben als Komödie und zugleich als Tragödie. Er pflegt einen gelösten Humor und weiß noch unter Tränen zu lächeln. Hugo Rahner schreibt: »Es liegt am Grunde jedes Spiels ein tiefes Geheimnis – wir ahnten es schon im Blick auf den schöpferisch spielenden Gott: Alles Spiel, genau so wie der tiefste Ernst einer zu lösenden Lebensaufgabe, strebt nach jener Angleichung an den Weltschöpfer, der sein Werk vollzieht mit dem göttlichen Ernst der inneren Sinnhaftigkeit, und doch zugleich mit der gelassenen Geste einer göttlich gekonnten, niemals notwendigen Künstlertätigkeit.«[10]

So spielend leben kann nur, wer akzeptiert, dass – wie jedes Spiel – das Leben ein Ende und ein Danach hat. Im Wissen um das Jenseits nehmen wir das Leben leicht und heiter: Wenn das Spiel aus ist, werden alle Tränen getrocknet und alle Ungerechtigkeiten ausgeglichen werden, und die Freuden dieser Zeit gehen über in die endgültige und ewige Freude, die Spiele dieses Lebens münden ins ewige und vollkommene Spiel. Nur diese Gewissheit – dieser *Glaube* – macht das Leben spielerisch und frei. Wer weiß, dass nachher alles besser wird, kann sich jetzt mit heiligem Spieleifer ins pralle Leben stürzen, darin kämpfen und leiden, lieben und genießen und sich freuen und dann – alle Ergebnisse und alle Leistungen, alles Scheitern und alle Wunden zurücklassend – gelöst und erlöst ins wahre Leben eingehen.

4. Exerzitien als Spiel

Kenner der Exerzitien werden bemerkt haben, dass ich schon mehrfach auf ignatianische Themen anspielte. Dies möchte ich aufgreifen und vertiefen. Auf der Suche nach einer alltagstauglichen Spiritualität soll ein Blick auf die Exerzitien zeigen, dass es nicht nur ratsam ist, diese selbst spielerisch zu verstehen und zu »machen«, sondern dass in ihnen auch ein Ansatz liegt, das Leben als Spiel zu begreifen und zu leben. Blicken wir zunächst knapp auf das Leben des Meisters aller Exerzitien, auf Ignatius von Loyola (1491 bis 1556).[11]

Ignatius der Spieler

Als Jugendlicher liebte Ignatius Ritterspiele: Reiten, Fechten, ritualisiertes Kämpfen um die Ehre, auch Formen des Minnespiels, in dem man, mehr als Schwärmerei, von ferne eine möglichst hochstehende Dame verehrte und für sie im Kampf den Preis gewinnen wollte. Auch liturgische Spiele wie Wallfahrten, Prozessionen, Hochämter waren in seiner Lebenskultur fest verankert. Genaues weiß man über Ignatius' Jugend leider wenig, doch muss ihn diese Welt des Spielens nachhaltig geprägt haben: Ein leidenschaftlicher Kämpfer blieb er sein Leben lang, und Werte wie Ehre, Gunsterweise hoher Herrschaften, Bilder der Phantasie oder auch – ganz einfach – Regeln des Zusammenspiels dominierten sein Leben, sein Tun, seine Spiritualität. Dass er auch die dämonische Seite des Spiels kennenlernte, zeigt der Prozess, der in Azpeitia gegen ihn angestrengt wurde: Wegen eines in den Dokumenten nicht näher genannten Vergehens wurde er angeklagt. Es handelte sich wohl um Körperverletzung in einer der üblichen Raufereien, und nur mit Berufung auf seine als Kind erhaltene Tonsur, also seinen Klerikerstand, konnte er sich dem weltlichen Gericht entziehen und den Prozess niederschlagen. Ob Ignatius sich auf erotische Abenteuer einließ, weiß man nicht, aber man vermutet, dass er der Vater einer Tochter war, denn im Taufbuch von Arevalo wird zu der Zeit, als er dort am Hof Page war, ein Täufling María de Loyola erwähnt.

Ignatius hatte eine blühende Phantasie. Nachdem er 1521 bei der Verteidigung der Festung Pamplona lebensgefährlich verwundet wurde, lag er monatelang rekonvaleszent auf dem Krankenlager in seinem elterlichen Schloß Loyola.[12] Aus Langeweile verlangte er nach Ritterromanen, damals das Medium, mit dem sich gebildete Leute spielerisch die Zeit vertrieben. Weil es in Loyola jedoch nur spirituelle Bücher gab, las er diese: eine romanhaft ausgeschmückte Lebensbeschreibung Jesu und eine Sammlung von Heiligenbiographien, die ebenfalls legendenhaft ausgeschmückt waren. Nun begann seine Phantasie zu arbeiten: Spielerisch malte er sich in stundenlangen Tagträumen aus, wie es wohl wäre, wenn er das Leben der Heiligen nachahmen würde – insbesondere die strenge Askese der heiligen Franziskus und Dominikus faszinierte ihn. In diesem Phantasieren empfand er Freude und Lust, er fühlte sich hingezogen und begeistert – später nannte er diese Erfahrung »geistlichen Trost«. Zeitweise hatte er auch Phantasien, in sein früheres weltliches Leben zurückzukehren und seine höfische Karriere weiter zu verfolgen, und auch in diesen ebenfalls stundenlangen Tagträumen empfand er Vergnügen und

Lust. Allerdings bemerkte er einen Unterschied, denn nach den beiden Phantasien empfand er nicht das Gleiche: Nach der zum Leben der Heiligen blieben Freude und Anziehung für lange Zeit erhalten, nach der zur weltlichen Karriere wich alles Vergnügen schnell einem schalen Gefühl der Leere. Aus dieser Selbstwahrnehmung zog Ignatius einen Schluss: Die Phantasie vom Leben der Heiligen war von einem guten Geist eingegeben, die von der weltlichen Karriere von einem dämonischen Geist. Die eine war »wirklich«, weil ihre Wirkung, modern gesprochen, nachhaltig war, die andere bloßes Strohfeuer und, wie an dieser Wirkung zu erkennen, Blendwerk. Daraufhin begann Ignatius, sein Leben zu ändern, und er bereitete sich darauf vor, von zu Hause wegzugehen und künftig nach dem Vorbild der Heiligen als Büßer und Bettler zu leben.

Was geschah hier, unter dem Blickwinkel des Spielens? Was wir »Langeweile« nennen, war für Ignatius ein freier, vor allem ein zweckfreier Zeit-Raum. In ihm begann seine Phantasie zu spielen: Lustvoll experimentierte sie mit verschiedenen Möglichkeiten; diese fanden ausschließlich in der Imagination statt, waren also gespielt, fiktional, aber sie bezogen sich auf Realität, nämlich auf seine weitere Lebensplanung. Nach dem Spielen mit den Möglichkeiten wertete er das Spiel aus: Seine Gefühle und Stimmungen – er nennt sie später die inneren »Regungen« – sagten ihm, welche Phantasie vom guten Geist, welche vom dämonischen Geist kam. Offensichtlich wirken in ehrlich wahrgenommenen »Regungen« die »Geister«, und man erkennt, welche Wege – konkret – die Wege Gottes sind und welche nicht. Fiktion verweist in die Realität, das Spiel erhellt und klärt das Leben, ja, es schafft

Leben. Ein Kriterium ist die Nachhaltigkeit. Der »Trost«, also die im Spiel erlebte Regung von Frieden, Einheit, Lebendigkeit, Freude, ja Lust, soll für längere Zeit und nach dem Spiel anhalten; weicht er nach dem Spiel innerer Leere, war das Spiel dämonisch. Das Spiel gibt den Freiraum, Alternativen gründlich zu erproben, also die Freiheit des Experiments: Phantasiert und gleichsam unernst, risikolos und noch folgenlos wird Realität geprüft. Experimentell arbeitet der Geist, bevor er Leib wird.

In seinem weiteren Leben erscheint uns Ignatius auf den ersten Blick eher als das Gegenteil eines Spielers: Er war ernst, sachlich, effizient, bisweilen ein wenig zu eifrig, immer sehr zielstrebig, eher kontrollierend. Doch es gibt auch die andere Seite: Zur Erholung der Mitbrüder kaufte er ein Landhaus und ordnete an, dass dort gespielt werde. Das vorgesehene Spiel hatte er in der Pariser Sorbonne gelernt: Während des Nachmittagskaffees nahm man »Täfelchen« und schubste sie an den Tischrand; gewonnen hatte, wer sein Täfelchen möglichst nahe an den Rand brachte, ohne dass es zu Boden fiel. Was heute verwundert: Ignatius meinte, die Erholung auf dem Landgut ganz genau regeln zu müssen – zwei Seelen stritten sich da wohl in seiner Brust.[13] Wenn Ignatius krank oder »im Überdruss« war, ließ er sich gelegentlich durch einen Bruder erbauen, der ihm schöne Melodien vorsang, oder er rief einen, ihm auf dem Klavichord zu spielen.[14] Dass Ignatius Humor hatte, zeigt sich auch an mancher Ironie in Gesprächen und in Briefen.

In der Arbeit wird ihm seine blühende Phantasie geholfen haben, vor den vielen zu treffenden Entscheiden die Alternativen durchzuspielen. Ignatius liebte das Experiment: Auch seine Gefährten sollten immer wieder verschiedene Möglichkeiten ausprobieren und sich in gespielten Situationen erproben. Später entwickelte er zahlreiche – wie man heute sagt – apostolische »Projekte«, von denen manche gut gelangen und fruchtbar wurden, andere misslangen. Durch Misserfolge wie etwa die gescheiterte Äthiopienmission ließ er sich jedoch nicht entmutigen: Wenn wir hier nicht oder noch nicht anpacken können, versuchen wir es jetzt an anderer Stelle, und vielleicht ergibt sich in dieser Zeit der Umbrüche später eine Gelegenheit. Ignatius wirkte in diesen Dingen nicht verbohrt und auf Erfolge fixiert, sondern frei und heiter, ja fast spielerisch locker.

Zwei Vorgehensweisen der ersten Jesuiten seien noch erwähnt: Als die Gefährten vor der Frage standen, ob sie einen Orden gründen sollten, traten sie in einen ausführlichen, mehrere Monate dauernden Prozess gemeinsamer Unterscheidung der Geister ein.[15] Jeder für sich spielte tagsüber mit der Phantasie die Alternativen durch, und abends trafen sie sich, um sich über die »Regungen« und über die Argumente für die verschiedenen Optionen auszutauschen. Auch hier brauchte es einen zweckfreien Raum, um in Muße, mit Hilfe von Spielelementen und nach genauen Regeln abzuwägen und zu entscheiden.

Seit Beginn gibt es in der Gesellschaft Jesu »Konsulte«: Jeder Verantwortungsträger hat ein Gremium von Beratern (»Konsultoren«), mit denen er alle wichtigen Entscheidungen genau durchspricht. Auch in den Konsulten gibt es Imaginationsübungen, Brainstormings, Planspiele. Entscheidend ist auch hier, dass für das Beraten genügend geschützte Zeit und ein abgegrenzter Raum vorhanden sind, dass die »Spielergemeinschaft« nach außen verschwiegen bleibt, dass man einander vertraut und das Wohl des Ganzen im Auge behält, dass aber auch jeder seinen Ideen freien Lauf geben darf – »ich konkretisiere jetzt mal ins Blaue hinein«, so ein Bonmot eines früheren Provinzials –, dass man sich gegenseitig kritisieren und korrigieren darf, dass alle die Spielregeln ein- und die Kollegen aushalten, dass persönliche Interessen herausgehalten werden, dass man sich den Mut zu ungewöhnlichen und kreativen, aber auch zu schmerzhaften Lösungen bewahrt.

Die Spiele der Exerzitien

Exerzitien sind geistliche Übungen, mit denen man Gott zu begegnen sucht und sein Leben auf Gott hin ordnet. Ignatius hat die Methode der Exerzitien geprägt und für die Neuzeit fruchtbar gemacht. Heute macht in meist fünf- oder achttägigen Kursen der »Exerzitant« – der sich also solchen Exerzitien unterzieht – in der Regel täglich vier einstündige Übungen. Man schweigt streng während der Exerzitientage und lässt sich von einer erfahrenen Person begleiten. Exerzitien sind wie Spiel. Die wichtigste Methode geistlicher Übungen ist die Schriftbetrachtung[16]: Man beschäftigt sich eine Stunde lang mit einer Erzählung aus der Bibel. Der erste Schritt ist, sich die Szene mit der Phantasie vor dem inneren Auge lebendig auszumalen. Wie im Theater inszeniert man sich den Ort, die Personen, die Handlung, die gesprochenen Worte; sinnlich und konkret stellt man sich alles genau vor. Die Phantasie darf subjektiv bleiben und spielerisch frei die Szene ausschmücken. Im zweiten Schritt identifiziert man sich mit Personen der Szene und findet in ihnen Züge seiner selbst und des eigenen Lebens wieder. Beispielsweise entdeckt man im blinden Bettler Bartimäus (Lk 10,46–52) eigene blinde Flecken und das Leiden daran. Wie er wendet man sich an Jesus und bittet flehentlich um Heilung. Wie er kann man, wenn Gott diese Gnade gewährt, anfanghaft Heil erfahren und neu sehen lernen. Im persönlichen Gebet bringt man alle Gefühle und alle Sehnsucht, die Fragen und die Bitten, aber auch Freude und Dank vor Gott.

Spielerisch muss man die Betrachtung angehen: nicht verbissen und auf Ergebnisse versessen, nicht leistungsorientiert oder unter Zeitdruck, sondern frei und ergebnisoffen, mit der Bitte, Gott möge die Gnade neuer Erkenntnisse oder Tröstungen gewähren, aber auch mit der Bereitschaft zu akzeptieren, dass Gott diese Gnade vielleicht an diesem Tag nicht gewährt. Betrachtungszeit ist zugleich geschenkte und zurückgeschenkte Zeit, folglich oft auch verschenkte Zeit. Die Übung kann gelingen oder nicht. Sie findet ihren Sinn in sich, nicht nur und nicht vor allem im Ergebnis. Wie spielend soll der Exerzitant oder die Exerzitantin den Geist schweifen lassen: Vielleicht wird mir diese Erkenntnis geschenkt oder jene, vielleicht ist es eine neue oder eine alte wiederholte Erfahrung, vielleicht ist sie tief oder auch nicht. Die gewählte Bibelstelle passt vielleicht jetzt genau für mich, vielleicht nicht – aber in diesem Fall ärgere ich mich nicht über die verlorene Zeit, sondern experimentiere, spiele mit anderen Texten, mit neuen Szenen und mit weiteren Phantasien.

Ignatius bringt auch seine alten Ritterspiele in die Exerzitien ein: Etwa in der Übung vom »Ruf des Königs« (EB 91–100[17]) identifiziert man sich mit einem Ritter, der von seinem König zu einem Eroberungsfeldzug aufgefordert wird. Man hört des Königs Rede und lässt sich von ihr bewegen. Wie nun der Ritter großherzig auf den edlen Ruf antwortet, dem König zum Feldzug folgt und alle Mühsal erträgt, so soll der Exerzitant großherzig sich bereitmachen, dem Ruf seines Königs Christus zu folgen und alle Arbeit und alle Verzichte des Dienstes für ihn zu erdulden. In der Übung der »Zwei Banner« (EB 136–148) spielt der Exerzitant zwei Modelle durch: Christus, der Feldherr der heiligen Stadt Jerusalem, schön und edel anzuschauen, ruft seine Jünger und sendet sie aus, unter seinem Banner das Reich Gottes auszubreiten; Luzifer, der Feldherr des verdorbenen Babylon, schrecklich anzuschauen, ruft seine Dämonen und sendet sie aus, unter seinem Banner die Menschen zum Bösen zu verführen. In dieser Übung wendet der Exerzitant sich vom Bösen ab und stärkt die Bereitschaft, sein Leben für den Dienst Christi einzusetzen. Beide Übungen spielen in der Bildwelt des Rittertums, das allerdings zur Zeit des Ignatius schon veraltet war und nur noch in Resten bestand. Spielerisch vermitteln sie jedoch Grundwerte christlicher Lebenshingabe. Wenn ihre Bildwelt heute noch fremder erscheint, dürfen wir sie selbstverständlich durch modernere Bilder ersetzen – Spiele sind immer relativ und durch besser passende ersetzbar. Und doch feiert ja auch das Rittertum in Fantasy-Romanen und in Computer- und Internetspielen fröhliche Urständ.

Psychologisch betrachtet, sind Exerzitien ein Rollenwechsel: Neue Rollen übt man mit ihren Regeln ein, und man übt sie spielerisch aus. Auch die Beziehung des Exerzitanten zur begleitenden Person ist spielerisch: nicht verkrampft, kein Konkurrenz- oder Machtkampf, sondern freilassend, sich schenkend, experimentierend, auf Augenhöhe. Durch gespielte Bilder, die im Exerzitanten etwas *ändern*, wird der alte Adam in den neuen Menschen verwandelt; fortan »tickt« oder spielt man anders und neu, nach neuen Regeln, mit neuem Sinn, zu neuen Zielen.

Heute machen wir Exerzitien nicht nur individuell und in strengem Schweigen, sondern auch in Gruppen. Das Miteinander und der Austausch helfen, zu persönlichen Erfahrungen zu kommen und – anders als bei Einzelexerzitien – durch die Gruppe angeregt zu werden. In den letzten Jahrzehnten wurden neue Spielelemente für Gruppenexerzitien entwickelt: Im Bibliodrama spielt man eine biblische Geschichte als Rollenspiel, wie ein Theaterstück, nach. Die Spielenden identifizieren sich mit Personen der Geschichte und sehen darin ihr Leben gespiegelt. Nach dem Spiel wertet man aus und vertieft die Erfahrung im Gespräch. Bei Filmexerzitien betrachtet man mit der Gruppe Spielfilme: Diese beschäftigen die Phantasie, wecken Erinnerungen und Emotionen, führen zu Erkenntnissen, zur Reflexion und ins Gebet. Auch eine gut gestaltete Liturgie ist in Gruppenexerzitien eine Art Spiel, das zum Prozess der Exerzitien Wesentliches beiträgt – die Liturgie wird im nächsten Kapitel angesprochen.

Alle oben erwähnten Elemente guten Spiels kommen in den Spielen der Exerzitien zum Tragen: die gewährte, bisweilen dem Alltag mühsam abgetrotzte Zeit, das Zweckfreie des Spielens, das Vertrauen der Spieler zueinander und zum Ganzen des Daseins, das Angespannt-Entspannende, das Ende der Übungen und ihre Wiederholbarkeit, die Dialektik von Regel und Freiheit, die Erfahrung von Freude und Trost, das Ungeschuldet-Gnadenhafte der Erlebnisse, das Erkennen von Werten, das Verleiblichen des Geistes.

Ich will dem Herrn singen und spielen

Dieses Psalmwort (Ps 27,6) lädt zum Gebet ein. Die Spiritualität der Exerzitien regt das alltägliche Beten an. So ist es immer ratsam, sich im Alltag feste Rituale des Betens anzugewöhnen: eine feste Zeit und ein fester Ort, beide ausgegrenzt und ästhetisch gestaltet, eine Kerze oder eine Ikone oder eine Blume, eine Verneigung oder ein Kreuzzeichen, der öfters wiederholte Gesang oder ein stetig rezitiertes und dadurch – wie die Väter sagten – »wiedergekäutes« Wort, ein festes Eröffnungsgebet und ein Segensritus zum Abschluss. Gut eingespielte Rituale werden selbst spielerisch: im heiteren Ernst, mit guter Leidenschaft und mit der nötigen inneren Freiheit, mit der Offenheit, etwas zu gewinnen oder etwas zu verlieren, mit dem Wissen um das Ende und um die Wiederholung, im heiligem Eifer für das Regelmaß und zugleich in der großherzigen Bereitschaft, sich Mängel und Ausfälle zu verzeihen.

Gebet ist immer Beziehung und »geht« wie menschliche Beziehung: Auch diese braucht ausgegrenzte und zweckfreie Zeiten und Räume, regelmäßige Rituale, ein Anteilgeben dem anderen und Anteilnehmen an ihm, Gesten und Symbole der Zuneigung, Orte spielerischen Leichtsinns, hin und her geworfene Bälle der Sympathie, der Phantasie, der Kreativität – der Liebe. Beziehung ist Geben und Empfangen, oder genauer: zuerst Empfangen, danach Geben, im freien Schenken, ohne Rechnen, ohne Festkleben, ohne die Gier nach immer mehr, mit der bleibenden Offenheit für Neues und Anderes, mit Sinn und Freude im einfachen Miteinandersein, im Anschauen des Anderen.

Eine bekannte Übung des Alltags ist der Tagesrückblick: Abends nimmt man sich 15 Minuten Zeit und schaut den vergangenen Tag an. Man lässt Bilder und Szenen, Erlebnisse und Begegnungen des Tages nochmals wie einen Film vor dem inneren Auge abrollen. Gefühle und Stimmungen, Sehnsüchte und Hoffnungen empfindet man nach. Durch den Abstand sind diese nicht mehr ganz unmittelbar da, sondern schon ein wenig »verarbeitet«, also reflektiert, in kritischer – das Wort meint »unterscheidender« – Distanz. Was man wahrnimmt, bringt man in ein persönliches Beten: bitten und klagen, danken und loben. Auch diese Übung ist ein Spiel: Zeit und Ort sind ausgegrenzt und begrenzt. Die Phantasie und die Gefühle dürfen frei schweben, gleichsam schweifen, spielen. Die Übung braucht kein Ergebnis und keinen Effekt, jedoch Vertrauen und Hingabe. Mal gelingt sie gut, mal weniger. Mal werden Einsichten geschenkt, mal ist sie ein schweigendes Dasein vor dem Geheimnis Gottes. Der Beter übt ein, das Dasein und Leben, wie es ist, anzunehmen und wertzuschätzen.

Auch wer vor persönlichen Entscheidungen steht und diese geistlich fällen will,[18] kann spielerische Methoden nutzen: Alternativen sich ausmalen, sie möglichst konkret und sinnlich, mit Phantasie und Kreativität in die Zukunft projizieren, alle Leidenschaften und Hoffnungen, alle Befürchtungen und Ängste durchspielen, sie auskosten, mit ihnen beten, sie dem Herrn »anbieten«. Hilfreich ist auch hier: sich eine begrenzte Zeit nehmen für den Prozess des Entscheidens, nicht zu lang verschleppend, aber doch lang genug, dass die Seele zweckfrei und mit Muße mit sich und ihren »Regungen« spielen darf; Vertrauen fassen in das Leben und in die Menschen und in Gott; zu frühe Festlegungen meiden; entspannt ins Entscheiden hinein-

gehen und doch mit aller Anspannung und Leidenschaft die Lösung suchen; Regeln des Zusammenspiels
mit anderen beachten und gleichzeitig mutig das Eigene suchen; dem Schönen, Freien, Beglückenden,
Trostvollen, Fruchtbaren Vorrang geben vor anderem;
Werte, die man als wichtig erkannt hat, zu verleiblichen suchen.

Gespielte Exerzitien

Eine Barockkirche ist doch die reine Spielerei! Heiter
geschwungene Linien, strahlende und üppige Farben,
marmorierte Säulen, Lichtspiele durch tausend kleine
Öffnungen und Spiegel, die Altargemälde wie schwebend und oft überladen, tanzende *putti* an allen Ecken
und Enden, verspielte Ornamente im Stuck, und
wenn nun noch die Orgel braust, die Weihrauch-
schwaden durch das Schiff schweben und die Ministranten mit den Prälaten stolz durch den Mittelgang
schreiten, empfinden wir das als reines Welttheater.
Vielleicht ist ja der Barock *die* Spielkultur. Die ersten
Kirchen, deren Stil man später als Barock bezeichnete,
waren Jesuitenkirchen: Il Gesù in Rom, St. Michael in
München; sie wurden stilbildend für alles Folgende. In
der Architektur bezeichnete man daher den Barockstil
bisweilen als Jesuitenstil, sicher nur teilweise zu Recht.
Aber deutlich ist, dass ignatianischer Geist eine starke
Affinität zum Barock pflegte und diesen in der Geschichte mitprägte. Wie kommt das?
In der Schriftbetrachtung spielt die Imagination eine
große Rolle: Wie im Theater inszeniert man vor dem
inneren Auge eine biblische Szene. Diese Inszenierung
weckt Emotionen und Regungen, in ihnen spricht
der Geist oder auch der Abergeist. In der Barockzeit

bewirkten die Jesuiten sehr viel mit Schultheatern: In hunderten von Kollegien in Europa und Übersee inszenierte man regelmäßig große Schauspiele, auf Latein oder in der Landessprache, oft in Kirchenräumen und teilweise mit Musik, so dass sie zu Kirchenopern wurden. Die Inhalte waren meist religiös, etwa Szenen der Bibel, aber auch Stoffe der antiken Mythologie wurden verwendet, meist mit starken moralischen Appellen. Die Aufführungen dauerten oft den ganzen Tag und setzten hunderte von Schülern als Mitspieler ein. Die Stücke sprachen die Affekte an – oft wird berichtet, dass die Zuschauer in Tränen ausbrachen. Barocke Kirchen und Theater waren die Räume, die den theatralischen und den liturgischen Inszenierungen dienten.

Angeregt durch die Exerzitien hatte man so im Barocktheater eine Spielmethode entwickelt, die zeittypisch und pädagogisch hochwirksam war: Sie bildete Spieler und Zuschauer, sie verband die Menschen, sie drückte religiöse und sittliche Werte aus und vermittelte diese. Theaterspiele ließen Leben genießen, sie gestalteten und förderten es. Selbstverständlich war das Barocktheater zeitbedingt, doch was uns heute fehlt, sind neue spielerische Methoden, die für die humane und spirituelle Pädagogik eine ähnlich durchschlagende Wirkung erzielen.

Im späten Barock wird an den europäischen Fürstenhöfen alles zum Theater: die Kleidung und die Architektur, das tägliche höfische Zeremoniell, die Liturgie und die Oper, die Malerei und der Gartenbau, die Erotik und die Politik. Mit der Übertreibung kommt die Dekadenz: Das Leben verkommt zum reinen Theater, alles wird künstlich, veräußerlicht, bloß »repräsentativ«, d.h. die äußere Präsentation – lat. *reprae-*

sentatio – ist alles, und das, was dargestellt, also repräsentiert wird, verschwindet in den Kulissen. Nicht mehr der Mensch ist sichtbar, sondern nur noch die Marionette, tanzend nach von außen auferlegten und streng stilisierten Regeln, sich selbst entfremdet; der Mensch ist Funktion und Maschine, selbst die Geschlechtsidentität wird durch Schminke, Perücke und Rock diffus, das Spiel kehrt sich gegen den Menschen und zerstört sein Personsein. Als sich an vielen Höfen nur noch eine Kaste selbstverliebter und müßiggängerischer Adliger zu Tode amüsiert, braucht es eine Revolution, um den Spuk hinwegzufegen und – nach brutalen Zerstörungen und grausamen Geburtswehen – neues soziales Leben zu beginnen. Überdeutlich zeigt sich das Dämonische einer überzüchteten und nicht mehr hinterfragten Spielkultur.

Nach diesem Ausflug in die Geschichte noch zwei Hinweise für heutiges spirituelles Leben: Nach dem Wort Jesu regen uns die Spiele der Kinder zum spirituellen Tun an, insbesondere in Exerzitien. Kinder spielen mit ganzem Körpereinsatz, mit voller Leidenschaft, mit großem Ernst und zugleich in heiterer Gelassenheit. Kinder weinen schnell, aber sie vergessen ebenso schnell die Tränen und lachen wieder. Kinder sind fast immer offen für Neues. Kinder wollen Zuwendung und fordern diese ein. Kinder sind schlau und entwickeln raffinierte Strategien, um von Erwachsenen das zu bekommen, was sie wollen; wenn sie es jedoch nicht bekommen, sind sie mit anderem zufrieden. Kinder vertrauen und hoffen. Kinder sind ehrlich im Ausdruck der Gefühle. Kinder leben in den Tag hinein.

Was bedeutet das für unser Leben aus den Exerzitien? Wenn wir Exerzitien – im Alltag oder im Kurs – machen, dürfen wir sie kindhaft-spielerisch angehen: leidenschaftlich und locker, mit Körpersprache und Hingabe, lachend und weinend und mit dem schnellen Umschlag der Tränen in die Freude, mit der Offenheit für das gerade Gegebene, Gottes Zuwendung streng einfordernd, mit jeder Strategie, Gott zu Gutem zu überlisten, und zugleich mit der Freiheit, anderes als das zu empfangen, das man selbst für das Beste hält, mit tiefem Vertrauen und großer Hoffnung, mit radikal ehrlichen Gebeten auch im Zweifel, im Schmerz und in der Klage, aufmerksam für das Gegenwärtige und sorglos im Blick auf die Zukunft.

Zweitens sei auf die schon erwähnte Spielehre hingewiesen. Verlieren gilt als unehrenhaft, und auch ein nicht gewinnorientiertes Spiel »nicht zu schaffen«, es also nicht erfolgreich abzuschließen, kratzt an der Ehre. Nun überträgt sich dieser Charakter des Spiels gern auf spirituelles Spiel: Bei Exerzitien soll »etwas herauskommen«: eine *tiefe* Erkenntnis, eine *intensive* Erfahrung, eine klare Entscheidung, zumindest einige schöne Gefühle, Friede und Ruhe ... Wenn nichts davon gelingt, waren die Exerzitien »fruchtlos«, und in spirituell hochstehenden Kreisen schämt man sich dafür, man erzählt es kaum, denn es ist ja unehrenhaft. Zum Begleiter wählt man sich gerne den berühmtesten – das ist ehrenvoll, und man erzählt es gerne und mit Stolz. In der Liturgie geschieht Ähnliches: Sie muss besonders schön und originell gestaltet sein, und als Liturge tut man alles dafür, gelobt zu werden. Bei wichtigen Zeremonien, die viele Leute anziehen, drängt sich jeder, in vorderster Reihe mitzuwirken. Und der Festprediger will natürlich »ankommen«.

In diesem und in anderem spirituellen Tun suchen wir Ehre. Doch zwischen den Spielen der Welt und den geistlichen Spielen besteht ein fundamentaler Unterschied: Bei Ersteren ist die Ehre des Spielers – wenn sie nicht alles dominiert und deformiert – ein legitimes Ziel des Spiels, bei Letzteren hingegen spielt der spirituelle Mensch nicht um seiner, sondern um der Ehre Gottes willen! Gebet und Liturgie dienen der Verherrlichung Gottes: Groß ist der Höchste, der Mensch betet ihn an und tritt selbst zurück. Demütig spielt er sein Spiel für den Anderen. Steht die Ehre des Spielers im Vordergrund und hat die Spiritualität oder das Ritual vor allem ihr zu dienen, hat sich ein Dämon eingeschlichen. Man kann ihn den narzisstischen nennen – er ist besonders schwer zu durchschauen und zu bekämpfen. Der gute spirituelle Spieler spielt selbstvergessen – sich selbst vergessend – und heiter, er achtet nicht auf Ergebnisse und Wirkungen, er sucht nicht den Beifall der Menge, er schaut nach oben und betet an, er weint und lacht, er spielt aus seinem Inneren heraus und hingegeben, nicht um vor anderen gut dazustehen, sondern für Gott.

5. Liturgie als Spiel

Die Liturgie, schon mehrfach angesprochen, ist höchstes spirituelles Spiel: zeremoniell, rituell, gemeinschaftlich, voll tiefen geistigen Gehalts, heute jedoch für viele fremd und trocken. Wenn wir die Liturgie spielerisch feiern, nehmen wir sie dann ernst genug? Was bedeutet das gottesdienstliche Spiel – nennen wir es einfach »Gottesspiel« – für unser Leben?

Vom Sinn des liturgischen Rituals

»Il faut des rites«, sagt Saint-Exupérys kleiner Prinz. Der Mensch braucht Rituale, und wo die kirchlich-christlichen Rituale verschwunden sind, fehlt etwas, vor allem an den Lebenswenden oder in großer Not. Rituale drücken aus, was wesentlich ist: »Ausdruck« meint, dass Inneres nach außen kommt und sich öffentlich zeigt, dass Allgemeines sich im Konkreten, also zeichenhaft, symbolisch darstellt, dass Geist sich verleiblicht. Wo diese Verleiblichung fehlt, kann der Mensch sein flutendes Inneres, seinen strömenden Geist nicht bewältigen, nicht mitteilen, nicht »verarbeiten«, er kann nicht zufrieden und kreativ leben. Denn zu sehr ist der Mensch leiblich-seelische Ganzheit, als dass man einen Teil davon abschneiden könnte; er würde verarmen, verkümmern, absterben.

Liturgie ist Theaterspiel: Schon das Drama der griechischen Antike war Gottesdienst: Das heilige Spiel reinigte den Zuschauer, der bisweilen als »Sünder« zum Mitspieler wurde. In der christlichen Kirche wird nun das große Drama Gottes mit Welt und Mensch wie auf einer Bühne gespielt. Alle Themen dieses Dramas kommen vor: Wie Gott die Welt schuf und dass die ganze Schöpfung ihn lobt; wie die Menschheit von ihm abfiel und dass er sie durch seinen Sohn rettete; wie Gott die Seinen durch die Geschichte führt und dass er sie am Ende in sein himmlisches Reich heimholt. In der Mitte aller Liturgie steht das Geheimnis Jesu Christi, sein Tod und seine Auferstehung; das Pascha Gottes ist die Mitte der Geschichte, alle Liturgie kreist um dieses welterlösende Heilsdrama, sie stellt es feiernd dar und vermittelt es suchenden Menschen. Was die Eucharistie als der Inbegriff aller Liturgie zeigt, gilt abgewandelt und zur Eucharistie hinführend für alle Liturgie: für Stundengebete, für Wallfahrten und Prozessionen, für die Liturgien der Lebenswenden, für private religiöse Rituale und für die Anbetung. Doch zum üblichen Theaterspiel, der darstellenden Bühnenkunst, gibt es Unterschiede: In der Liturgie spielen alle mit, der bloße Zuschauer ist nicht vorgesehen; und weil so alle Liturgen sind, gestalten und reden und feiern alle mit. Es gibt nur ein »Stück«, das stetig wiederholt wird, in allerdings variablen und durchaus bunten Inszenierungen. Schließlich ist Autor des Stücks und zugleich Spieler der Hauptrolle allein Gott!

Liturgie ist Sinnenspiel: Das gehörte *Wort* steht in der Mitte, denn im jüdisch-christlichen Glauben offenbart sich Gott durch das Wort. In den letzten Jahrzehnten wurde in der Liturgie das Wort besser zugänglich gemacht und neu betont – allerdings um den Preis, dass die Liturgie nun oft wortlastig ist und so vor allem den Verstand anspricht. Das zweite Sinnenelement ist die *Musik*; auch sie wurde erneuert und verbessert, aber allzu oft stehen Alt und Neu unverbunden nebeneinander. Viele neue geistliche Musik überzeugt kaum, und die musikalische Welt der Liturgie und die der säkularen Musikkultur sind durch garstige Gräben getrennt. Das Element der *Bewegung* ist bis heute leider wenig entwickelt: Gesten wie die Verneigung, das Erheben der Hände, das Kreuzzeichen, die *prostratio* – flach sich vor Gott zu Boden werfen –; Berührungen wie die Handauflegung, der Friedenskuss und die Salbung; Haltungen wie das Knien und das Stehen; Fortbewegung wie die Prozession und der Tanz. Auch wenn Jahrhunderte unchristlicher Leibverachtung und Sinnenangst nachwirken: Bewegung gehört ursprünglich zum liturgischen Spiel – die vorhandene Tradition sollten wir bewahren und ausbauen. Weitere sinnliche Elemente seien nur erwähnt: die Ästhetik des Raumes und der Bilder, der Geräte und der Kleidung; der Duft der Öle und des Weihrauchs; der Geschmack des Brotes und des Weins.

Alles, was wir als Merkmale des Spiels umschrieben haben, findet sich in der Liturgie: Sie spielt in raumzeitlicher Begrenztheit und hebt sich vom gewöhnlichen Leben ab; sie hat feste Regeln und verändert alltägliche Rollen; sie will Schönes erleben lassen; sie fordert, dass wir entspannt in sie eintreten, verlangt aber zugleich Konzentration und Anspannung, um uns in neuer Entspannung zu entlassen; Vertrauen setzt sie voraus und vertieft es zugleich; sie erneuert sich durch Wiederholung; sie bildet Geist und Sinne, und sie vermittelt Sinn; Freude vermittelt sie im Vollzug, nicht im erreichten Zweck; sie verleiblicht christlichen Geist.

Christentum ist Gemeinschaft: Über das Du kommen wir zum Ich, über den Anderen werde ich, was ich bin. In menschlichen Beziehungen präsentieren wir uns einander über den Leib, der Geist wird nur durch den Leib Mensch. Leiblich kommunizieren wir, und nur der kommunizierende Mensch ist Mensch. Aus diesem Grund sind der sinnliche Ausdruck und die Symbole so wichtig: Das Essen und das Tanzen, das Berühren und das Singen *verbinden* uns miteinander; und sie verbinden uns, die wir gläubig an der Liturgie teilnehmen, mit Gott, lassen uns mit Gott kommunizieren. Kommunikation ist »Austausch von zwei Seiten her« (EB 231), Hin- und Herfließen, Geben und Empfangen. Über alle Individualisierung hinweg macht sie uns zu Menschen. Gelungene Liturgie erneuert das Menschsein.

Und Ignatius? Liturgie spielte bei ihm kaum eine Rolle, auch nicht in den Exerzitien. Zwar hatte er zu den Sakramenten eine sehr innige Beziehung, sie sind für ihn Orte, an denen er verdichtet Gott begegnete und seine Gnaden empfing, aber immer mit einem recht nüchternen, eher kümmerlichen und ziemlich individualisierten Ritual – meist zelebrierte er die Messe allein, Versöhnung erlebte er in der Einzelbeichte. Auch in seiner spirituellen Pädagogik ist der Einzelne im Blick: Dieser macht individuell die Exerzitien, er begegnet im persönlichen inneren Beten »unmittelbar« seinem Schöpfer (EB 15), und er empfängt in den Sakramenten persönlich Gottes Zuwendung. Warum diese Einseitigkeit? Sicherlich spielt eine Rolle, dass die Liturgie im Spätmittelalter als Gemeindefeier verkümmert war oder versteckt hinter Klostermauern stattfand und dass außerdem die beginnende Neuzeit das Individuum gerade erst entdeckt hatte und folglich über Gebühr ins Zentrum rückte. Andererseits hörte Ignatius gerne dem Chorgesang der Mönche zu. Für seinen Orden schaffte er dennoch alle feierliche Liturgie ab, denn sie würde die

Brüder von der Seelsorge abhalten. Wie erwähnt, entdeckten die Jesuiten der Barockzeit bald den Wert der Liturgie und des Theaterspiels für ihre Seelsorge. Heute darf man wohl unbefangen die historisch verständliche Einseitigkeit des Ignatius korrigieren und in Exerzitien und in anderen Formen der Seelsorge liturgische Elemente ausbauen und nutzbar machen; ebenso kann man in Gottesdiensten Elemente der Exerzitien, etwa einen gemeinsamen Tagesrückblick, eingliedern. Wenn für den Einzelnen *das* spirituelle Spiel die Exerzitien sind, so ist es für eine Gemeinschaft die Liturgie. Weil der Mensch das Ich und das Wir meist zusammen und gleichzeitig vollzieht, werden sich Elemente beider durchdringen und bereichern.

Ordnung und Freiheit

Einerseits ist das Spiel der Liturgie Ritual: Es hat Regeln, eine vorgegebene Ordnung, festgelegte Worte und Gesten. Wir feiern liturgisch nicht uns selbst, sondern die Liturgie der Kirche; diese kreieren wir nicht selbst, sondern wir empfangen sie. Liturgie braucht Objektives und Zeremonien, eine den Niederungen des Alltags enthobene Hochsprache, feste Formen, die den Zeitgeist und die Moden überdauern und Beständigkeit und Gewissheit vermitteln. Auch liegt im überall gleichen Ritual die Chance des Wiedererkennens, über die Länder und Kulturen und Sprachen hinweg. Weltweit und durch viele Generationen hindurch verbindet das eine Ritual die Christenheit. Indem die Liturgie überzeitlich und universal ist, wird sie zum Bild des immer und überall wirksamen göttlichen Heilsdramas, ja zum Symbol und Vorspiel des Ewigen.

Andererseits ist das Spiel der Liturgie Ausdruck der gerade jetzt und hier feiernden Menschen, in ihrer persönlichen geschichtlichen Situation. Daher hat die Liturgie immer subjektive Elemente, Privates, Aktualisierendes, Charismatisches. Sie muss sich an Kulturen und Bedürfnisse anpassen. Die passende Geste, das treffende Wort, der rechte Gesang müssen immer neu gefunden und eingebracht werden. In unserer so komplexen und vielgestaltigen Lebenswelt brauchen Liturgen die Freiheit, Liturgie zu gestalten, denn nur so spricht sie die wirklichen Gefühle, Fragen und Sehnsüchte der feiernden Menschen aus, nur so wird sie zur konkreten Verleiblichung des hier und jetzt wehenden Geistes.

Wie verhalten sich in diesem Gottesspiel Ordnung und Freiheit, Objektives und Subjektives, überzeitliches Vorspiel des Ewigen und Ausdruck heutiger Befindlichkeit, Allgemeines und Individuelles, Geist und Leib zueinander? Die Frage rührt an ein Paradox, das letztlich das der Inkarnation oder des Menschwerdens ist; begrifflich wird es nie ganz aufzulösen sein, eine Spannung bleibt auszuhalten, bisweilen schmerzhaft, hoffentlich aber auch kreativ, sinnenfreudig, lösend. Um es vom Spielgedanken her zu deuten: In jedem großen Spiel achtet man das traditionelle Regelwerk und passt es zugleich an, indem die Mitspieler Einzelnes daraus im Konsens modifizieren. Sie nehmen die Tradition als den großen und tausendfach bewährten Rahmen, in dem das Spiel eingeübt ist und seine Kraft und Größe entwickelt, und zugleich bringen sie sich in diesen Rahmen mit ihrer Leidenschaft, ihrem Charisma, ihrer Sehnsucht ein, indem sie den Rahmen mit ihrer Person füllen, ja ihn anspannen und ausdehnen, so dass er bisweilen beinahe, aber eben nicht wirklich bricht! Beides gehört zusammen, auch wenn es schwer vereinbar zu sein scheint, beides ergänzt sich, beides macht das Leben aus. Schon in Gottes Schaffen ist ja Ordnung *und* Freiheit – was sich im Geschaffenen spiegelt und in allem menschlichen Dasein. Das liturgische Spiel stellt nur dar, wie Gott für uns ist und was Gott für uns will.

Orthodoxe Christen und traditionelle Katholiken neigen in der Liturgie mehr zur Regeltreue, liberale Katholiken und Christen der Reformation mehr zur Regelveränderung. Akzente verschieden zu setzen ist ja erlaubt und sinnvoll. Aber müssen auf der einen Seite sich manche in einen Ritualismus versteifen, der eine bestimmte Liturgie – etwa die der Stadt Rom, die ja erst das Konzil von Trient weltweit als einzige durchsetzte – verabsolutiert und dabei immer weltfremder wird? Rituale können erstarren und dann von einer immer kleineren Gruppe trotzig als einzige behauptet werden. Und warum gilt auf der anderen Seite für manche ein Gottesdienst nur dann als authentisch, wenn er in allen Details ganz neu und ganz »persönlich« erfunden wurde? Subjektivismus kann zum Privatritual Weniger werden oder zum Rückzug ins Ghetto der eigenen Befindlichkeit. Wahrhaft *katholisch* – alles umfassend und alle verbindend – wäre ein Mittelweg: Es gibt die hohe Liturgie des objektiven Rituals, die überzeitlich Ewiges darstellt – diese wird auch jenen zugemutet, die zunächst befremdet sind und daher eingeladen werden, die liturgische Formensprachen zu lernen; und es gibt die persönlichen Elemente, die jeden zum direkten Ausdruck seiner Not und seiner Freude herausfordern – diese werden auch jenen zugemutet, die als die Ästheten des Heiligen eingeladen werden, auch ihre Gefühle einzubringen.

Liturgie braucht Distanz zum grauen Alltag – der durch sie dargestellte Himmel ist ja *anders*! – und zugleich Nähe zum konkreten Alltag – das *ganze Leben* fließt ein, weil es göttlich durchdrungen werden möchte. Kein Element braucht das andere zu verdrängen, sondern sie befruchten sich gegenseitig. Wer in das Gottesspiel eintreten möchte, stellt sich einer großen Aufgabe, und er muss dieses wie jedes andere Spiel erlernen und einüben: zum einen sich mit einem archaischen Ritual vertraut machen, zum anderen mit Leib und Seele sich selbst in das Spiel hineingeben. Wer allerdings das Mitspielen wagt, wird mit der Zeit verändert, verwandelt, vergöttlicht.

Das Leben ist Liturgie

»Was ist nun der Sinn des Seienden? Dass es sei und ein Abbild sei des unendlichen Gottes. Und welches ist der Sinn des Lebendigen? Dass es lebe, sein inneres Leben herausbringe und blühe als natürliche Offenbarung des lebendigen Gottes.« Dies schrieb Romano Guardini 1918 in seinem Büchlein »Vom Geist der Liturgie«[19]; es markierte den Beginn der liturgischen Bewegung. Was hier für Natur und Geist gesagt ist, gilt umso mehr für die Liturgie: Sie bildet Leben ab, bringt Leben »heraus« und zum Blühen als Offenbarung des lebendigen Gottes. »Die Liturgie schafft eine weite Welt voll reichen geistlichen Lebens und lässt die Seele sich darin bewegen und entfalten.«[20] In diesem Sinn ist das Leben Liturgie und die Liturgie Leben. Allerdings ist die Liturgie nicht zuerst um des Menschen willen da, sondern um Gottes willen. Ihr Sinn ist, »dass die Seele vor Gott sei, sich vor ihm ausströme ...«[21] Liturgie ist – wie das

Leben – nicht Zweck, sondern Sinn, nicht Arbeit, sondern Spiel.

Alles Leben ist Hingabe, und wer das Leben verliert, gewinnt es. In der Liturgie feiern wir das Opfer, also die Lebenshingabe Jesu Christi: Durch sein Leiden und Sterben hat er uns neues Leben geschenkt. Indem wir dieses Geschehen liturgisch vergegenwärtigen, also kultisch-sinnenhaft darstellen, werden wir selbst in es hineingenommen. Wie jedes Spiel setzt Liturgie Hingabe voraus, und wie jedes Spiel fördert und übt es die Leidenschaft, die Bereitschaft zum Opfer und die innere Freiheit, sich hinzugeben für andere. Kein Leben ohne Sterben, kein Leben ohne Opfer – die Liturgie feiert und lebt das Leben! Vielleicht ist Liturgie derzeit so wenig populär, weil unsere Kultur die Hingabe ausblendet.

Gibt es Dämonisches in der Liturgie, im Gottesspiel? Dass Liturgie zum Tanz ums Goldene Kalb wird, diese Gefahr ist offensichtlich und allgegenwärtig. Es bedarf einer guten Unterscheidung der Geister, denn je mächtiger das Heilige und die Gnade walten, desto schneller wird der Dämon auf den Plan gerufen, und er wirkt umso subtiler, gefährlicher und gewaltiger. Dämonisch wird Liturgie – ganz parallel zu dem, was wir zu jedem Spiel entdeckten –, wenn sie vom menschlichen Ego für seine Interessen missbraucht wird: Liturgie wird einseitig subjektiv oder kompromisslos rituell gestaltet und dient so ausschließlich den Interessen einer Gruppe, etwa ihrer Selbstvergewisserung oder ihrer Selbstdarstellung. Liturgie wird zum Ort, Ängste zu besänftigen, etwa bei skrupulösen Zeremonienmeistern. Liturgie wird zur Selbstinszenierung des Priesters oder der Gemeinde und so zur narzisstischen Phantasie von Grandiosität oder zum kleinlichen Machtspiel. Liturgie wird zur ästhetischen Spielerei, die zu viel Energie bindet und für das reale Leben folgenlos bleibt, reine Repräsentation ohne Inhalt. Liturgie wird zum selbstgefälligen und stolzen Wortgeklingel, mit dem die Liturgen sich ihrer Erwählung und ihrer Erhabenheit versichern.

Heute erfinden die bürgerlichen und die postmodernsäkularen Welten Ersatzliturgien, die oft den Eindruck des Götzendienstes geradezu aufdrängen: altgermanische Waldrituale vergötzen eine romantisierte Natur; Treffen von Spitzenpolitikern inszenieren multimedial die Macht; Sportevents huldigen dem – oft vergifteten – Körper; Modenschauen zelebrieren Schlankheit und Perfektion; in Popkonzerten beten die Fans ihre Idole an; manche Wagneroper ist ein Kult um Erlösung – die dort übrigens, ganz entchristlicht, durch Erkenntnis oder auch durch Keuschheit erreicht wird.[22]

Was zeichnet eine gut gespielte Liturgie aus? Man feiert sie ernst, aber nicht verspannt; heiter, aber nicht albern; locker, aber nicht flapsig; streng, aber nicht steif; rituell, aber nicht zeremoniös; ästhetisch, aber nicht stilisiert; erhaben, aber nicht überhoben; feierlich, aber nicht überzüchtet; freundlich, aber nicht anbiedernd; lächelnd, aber nicht aufgesetzt strahlend; ruhig, aber nicht zerdehnt; bewegt, aber nicht hektisch; selbstbewusst, aber nicht stolz; demütig, aber nicht unterwürfig. Gute Liturgie schaut auf Gott, aber vergisst die Welt nicht; sie bindet alle ein, aber erstarrt nicht im Kollektiv; sie spricht die Affekte und die Sinne an, gibt aber auch dem Verstand Nahrung; sie bildet, belehrt jedoch nicht; sie ist spielerisch, aber nicht verspielt.

Liturgie ist immer Vollzug der Kirche, bringt aber auch die Personen ganz ein. Gute Liturgen wahren ihre rituelle Rolle, füllen diese aber so mit Andacht und

Hingabe, ja mit ihrer ganzen Person, dass sie *als Person* das Überpersönliche ausdrücken, ja ausstrahlen. Gute Liturgen richten ihr Auftreten weder danach, wie sie wohl wirken, noch danach, alles richtig zu machen, sondern sie achten auf die Inhalte, die sie vollziehen, und schauen von sich weg auf Gott – sie beten. Gute Prediger erzählen kaum von sich, sondern sie sprechen Erfahrungen und Gefühle der Hörer an, deuten diese von der Schrift her und auf Gott hin und sind darin aber selbst als Person ganz präsent. Der Priester repräsentiert in der Eucharistie Christus, er ist Gastgeber und Leiter der Feier, aber er ist bei weitem nicht die wichtigste Person, sondern er tritt hinter das gefeierte Geschehen zurück und bindet alle Anwesenden ein, vor allem verweist er auf den Anderen und Größeren. Gute Liturgie belebt und verändert, und sie motiviert zum tätigen Engagement in der Welt. Liturgie führt zur Erde und gleichzeitig zum Himmel, sie ist Spiel des Lebens und Vorspiel des Ewigen.

6. Spielerisch leben

Nach dem Erhabenen nun das Praktische: Wie können wir spielend-spielerisch leben? Was hilft zum frei-
en und frohen Leben miteinander und mit Gott? Wie
wird dieses oft so banale Leben zum Vorspiel des ewigen Lebens?

Sich Spiele gestalten

Meine Familie hat ein kleines Ferienhaus im Schwarz-
wald. Im Sommer war es Brauch, tief im Wald Pfiffer-
linge zu suchen. Ein heiliger Eifer spornte uns an, dafür durch das Unterholz zu kriechen. Manchmal fanden wir gar nichts, oft nur wenig, manchmal große
Mengen. Irgendwie war jeder ehrgeizig, mehr als die
anderen zu finden, aber wenn wir am Abend die Pfif-
ferlinge verzehrten, genossen wir sie gemeinsam, und
es war längst vergessen, wer wie viele gefunden hatte.
Nach dem Essen schloss sich ein Scrabble-Spiel an, ein
Wettstreit der Sprachmächtigkeit und des Denkens.
Auch hier waren die Verlierer betrübt und die Gewinner stolz, aber am nächsten Morgen war das alles über-
wunden. Spielen verbindet und begeistert, lässt leiden
und hoffen, regt den Geist an und bildet, erzieht zur
Freude und zur Demut, gibt – und wenn das Spiel
noch so nutzlos oder lächerlich erscheint – Sinn und
Mut. Die üblichen Rollen – Eltern oder Kinder, Groß
oder Klein, intellektuell oder künstlerisch oder gar
nicht begabt ... – werden aufgehoben. Die Zeit für das
Spiel muss man sich nehmen, den Ort – am besten eine Strecke weg vom Alltag – ansteuern, das Vertrauen

einsetzen, das Risiko des Verlierens tragen, den Körper und den Geist bemühen.

Welche Tätigkeiten kann man spielerisch gestalten? Liebevoll ein Mahlzeit kochen; sie genießerisch verzehren; regelmäßig Sport treiben oder einfach spazieren gehen; einen hohen Berg besteigen; in einem Museum oder in einem Bildband ein Bild besuchen; sich mit anderen zum Mensch-ärgere-dich-nicht treffen; ins Konzert oder ins Theater gehen; unter der Dusche ein Lied singen; sich ein kleines spirituelles Ritual am Morgen angewöhnen; mit dem Partner oder der Partnerin flirten, immer wieder mal, wenigstens einen Augenblick lang; mit den Arbeitskollegen den Vormittagskaffee zelebrieren; vor Entscheidungen die Alternativen in der Phantasie durchspielen; ein Bild malen oder ein Blumenbeet bepflanzen; den Sonntagsgottesdienst, auch wenn nicht alles gefällt, mitfeiern; sich für Kinder Zeit nehmen. Es gibt Berufe und Rollen, die spielerisch sind: die Bühnenbildnerin und der Priester, der Exerzitienleiter und die Pädagogin, die Politikerin und der Koch, der Marketingstratege und die Harfenistin, der Konditor und die Hotelerbin, der Vater und die Großmutter, ja auch der Manager mit manchen Planspielen und die Verkäuferin mit ihren Verführungskünsten. Vermutlich finden sich in jedem oder fast jedem Beruf und allen Rollen spielerische Elemente, wir können sie pflegen und ausbauen.

Nicht jeder kann alle Spiele spielen. Oft würde man gerne ein Spiel spielen und muss schmerzvoll verzichten, etwa weil man allein ist oder krank, überarbeitet oder – das Gegenteil ist noch schlimmer – arbeitslos, angstvoll oder in Not. Warum freuen wir uns nicht mehr an den Spielen, die uns vergönnt sind, anstatt über jene Spiele zu jammern, die uns versagt bleiben? Warum vergleichen wir uns ständig mit anderen, anstatt mutig das zu ergreifen, was uns hier und jetzt gegeben ist?

Sind Alltagsspiele wichtiger oder das große Event? Das tägliche, mühevolle Jogging oder der Marathonlauf? Der allabendlich einfach, aber stilvoll gedeckte Tisch oder das große Familienfest? Der sonntägliche, oft so banale Gottesdienst oder die große Papstmesse? Der Trend geht ja zum Event, und nur das Spektakuläre und Einzigartige zieht die Massen an. Wie Drogensüchtige brauchen viele den immer größeren Kick, um nicht in Langeweile und Frustration zu verfallen. Eine gute Spielkultur fördert – gegen den Zeitgeist – immer beides: mit regelmäßigen, sorgfältig gepflegten Ritualen den Alltag heiligen und gute Gewohnheiten auch auf gelegentlichen Durststrecken durchhalten – und zugleich das außerordentliche Ereignis, lange herbeigefiebert und mit großem Aufwand vorbereitet, mit allen Sinnen und aller Leidenschaft verkosten.

Wer Spiele gestaltet, muss Zweckhaftes verlassen – ein mentaler Akt, der vielen unendlich schwerfällt. Er muss Grenzen anerkennen, etwa den engen Raum und die mangelnde Zeit, die knappen Ressourcen und seine schwache Begabung. Er muss Mitspieler suchen, dazu auf andere zugehen, Kontakte pflegen, Freundschaften aufbauen, schließlich die Schwächen der Mitspieler erdulden. Er muss sich gleichrangig oder schwach zeigen, auch wenn er es sonst – in Familie oder Beruf – gewohnt ist, stark und der Chef zu sein. Er muss sich eingestehen, als Amateur – wörtlich immerhin: als Liebhaber – zu spielen, auch wenn er alles andere professionell und perfekt angeht. Er muss verlieren lernen, ohne sich minderwertig zu fühlen, und gewinnen, ohne stolz zu werden. An allem Spiel wird er reifen und wachsen.

Die Spielgeister unterscheiden

Wie kann uns die Unterscheidung der Geister helfen, spielend zu leben? Spielend begeistern wir uns ja leicht – doch der Abergeist oder Versucher schleicht sich heimlich und subtil in unser Fühlen, Denken und Tun. Wie ihn erkennen und vom wahren Spielgeist unterscheiden? Wie dem einen klar widerstehen und dem anderen kraftvoll folgen?

Einige Versuchungen, denen wir spielend leicht erliegen: Spielen, um in eine Scheinwelt zu fliehen – die Wirklichkeit besteht man so immer weniger. Spielen, um sich zu bereichern, um anderen etwas wegzunehmen, um sie Macht spüren zu lassen oder zu demütigen. Spielen, um einen Rausch zu erleben und darüber süchtig werden – man akzeptiert nicht das Ende und die Rückkehr in den Alltag. Spielen, um lang aufgestaute Aggression abzuladen – viele kleine und große Kriege entstehen so. Spielen, um Menschen zu Taten zu verführen, die nicht gut für sie sind – das ist manche sexuelle Verführung, auch solche zum Kaufen oder zum Essen und Trinken. Spielen mit Worten, um andere zu treffen, sie durch Anspielungen zu kränken. Spielen, um Gefühle von Kleinsein und Wertlosigkeit zu vertreiben, um sich vor anderen aufzuspielen, das Ego aufzublasen. Spielen, um reiner Schönheit zu huldigen, auf Kosten der Wahrheit oder der Liebe.

Woran erkennen wir den guten Spielgeist? Ich empfinde nachhaltigen, d.h. nach dem Spiel andauernden Trost – so sahen wir es bei Ignatius auf dem Krankenlager. Es fällt mir leicht, die Alltagsrolle zu verlassen und die vermutlich ganz andere Spielrolle einzunehmen; ich identifiziere mich mit ihr, spiele sie mit Leidenschaft, lege sie am Ende aber auch gerne wieder ab und kehre freudig in den Alltag und in seine Aufgaben zurück. Ich habe Respekt vor meinen Mitspielern und achte sie, und ich übe den Respekt durch das Spiel tiefer ein. Ich erzähle meinen Nächsten gern und offen von meinen Spielen, brauche nichts zu verheimlichen. Ich übe die Spielregeln ein und halte mich an sie, gehe aber auch kreativ mit ihnen um, wenn es dem Spiel und allen Spielern dient. Ich kann genießen und bin zu genießen, fixiere mich aber nicht auf den Genuss, sondern bin bereit, ihn wieder loszulassen. Ich spiele »mit ganzer Hingabe«, wie es von König David berichtet wird, der vor der Bundeslade tanzt, sich dabei um das Gespött der Menschen nicht kümmert, sondern sich seinem Spiel rein zur Freude und zum Lob Gottes überlässt (2 Sam 6,12–19).

Homo Ludens

Wir sahen es schon: Der *homo ludens* – der spielende Mensch – ist Abbild des *Deus ludens* – des spielenden Gottes –, darin findet er sein Schöpfertum und seine einzigartige Würde. Dem von Gott gewollten *Leben* werden wir am meisten gerecht, wenn wir es spielend nehmen. Oder mit Friedrich Schiller: »Denn, um es endlich auf einmal herzusagen, der Mensch spielt nur, wo er in voller Bedeutung des Worts Mensch ist, und er ist nur da ganz Mensch, wo er spielt.«[23] Kind und Künstler ist der spielende Mensch – in beidem rührt er an das Göttliche.

Hugo Rahner – teilweise zitierten wir ihn schon – schreibt über den spielenden Menschen: Er »ist uns zunächst ein Mensch der ernsten Heiterkeit. Es liegt am Grunde jeden Spiels ein tiefes Geheimnis – wir ahnten es schon im Blick auf den schöpferisch spielenden Gott: alles Spiel … strebt nach jener Angleichung an den Weltschöpfer, der sein Werk vollzieht mit dem göttlichen Ernst der inneren Sinnhaftigkeit, und doch zugleich mit der gelassenen Geste einer göttlich gekonnten, niemals notwendigen Künstlertätigkeit.« Und weiter: »Diese Ernstheiterkeit erblüht nur in der Mitte zwischen Himmel und Erde: in einem Menschen, der die bunte Welt liebt und zugleich belächelt, der um ihre Herkunft aus Gott weiß und zugleich um ihre Grenzen …« Rahner legt großen Wert auf den Humor des spielenden Menschen: Humor ist »gewachsen in der irdischen Unvollkommenheit und erblüht in der Liebe zur Welt.«[24] Ohne Humor gibt es kein Spiel. Aber Humor braucht den Glauben, denn nur der gläubige Mensch kann über die unzulängliche Welt lachen, weil er weiß, dass sie vorläufig ist und nicht das Letzte und dass sie vollendet sein wird in der Ewigkeit.

Schauen wir den spielenden Menschen von seinen Gegentypen her an: Der Moralist – so schreibt die Benediktinerin Corona Bamberg – ist eng, ängstlich und lebensfeindlich, daher ein Spielverderber. Der Kaufmann rechnet immerzu, kann nicht loslassen und nicht schenken, nichts darf überfließen, spielen. Der Freizeitmensch »tändelt durch das Leben, sein Revier ist die Oberfläche«[25]. Der Nörgler kann nicht verlieren, findet immer ein Haar in der Suppe, ist schlecht gelaunt, kann sich nicht freuen. Der Mogler übertritt Regeln, aber nicht spielerisch-heiter, sondern verbissen und ich-fixiert, weil er auf keinen Fall verlieren will und niemals eine Niederlage eingestehen würde.

Hingegen bleibt der wahrhaft spielende Mensch gelassen und frei, heiter und friedlich, großzügig und liebevoll, offen für das Gnadenhafte und für das Überschäumende. Um jedoch so zu spielen, bedarf es dessen, was die christliche Tradition »Askese« nennt, also einer Kultur des freien Ja- und Neinsagens. Diese erst schafft den Spielraum, der das Spielen ermöglicht. Sie bringt im rechten Maß den Ernst ins Spiel, ja sie gibt allem Tun Maß und Treue. Im zugleich geordneten und freien Ja und Nein liebt der spielende Mensch das Leben.

Und das Böse? Im großen Schöpfungspsalm berichtet die Bibel, wie Gott sich den Leviátan formte, um mit ihm zu spielen (Ps 104,26). Der Leviátan ist die mythologische Gestalt eines Seeungeheuers, als vielköpfiger Drache oder als Schlange vorgestellt, jedenfalls böse und angsteinflößend. Kann der *homo ludens* auch hier vom *Deus ludens* lernen? Indem er die bösen Mächte und Gewalten dieser Welt nicht mit seiner doch bescheidenen Kraft zu bekämpfen versucht, sondern sie in einer Figur »bündelt«, dann mit ihnen spielt und sie dadurch klein hält? So dass sie nur im fernen Meer und nur spielend, also eigentlich harmlos existieren? Böses einfach zu verharmlosen wäre gefährlich. Aber das Böse fern zu halten, es spielerisch und mit einem Lächeln auf einen unbedeutenden Rang zu verweisen und damit seine Macht zu mindern könnte bisweilen helfen ...

Zum Schluss nochmals zur Musik: Nach einem heiteren Diktum des großen Schweizer Theologen Karl Barth spielen die Engel im Himmel vor Gott selbstverständlich Musik von Johann Sebastian Bach; wenn sie allerdings unter sich seien, würden sie lieber Musik von Wolfgang Amadeus Mozart spielen. Als protestantische Idee des Himmels lasse ich dies gerne so stehen. Aber als Katholik gönne ich mir doch die Vermutung, dass die Engel, zumindest im katholischen Himmel, auch vor Gott Mozart spielen! Seinen »Figaro« habe ich schon erwähnt: Ein Spiel voller Intrige und Leidenschaft, mit Machtmissbrauch und Liebeshändel, Lüge und Neid, Angst und Sehnsucht, Trauer und Freude – eben das pralle Leben. Die soziale Hierarchie der Epoche wird allerdings umgedreht: Frauen agieren selbstständig, und die Dienerschaft führt die Handlung, ja sie scheint in vieler Hinsicht dem Adel überlegen zu sein; das Stück deutet hier eine soziale Revolution an, die sich wenige Jahre nach der Uraufführung Bahn brechen wird. Die Musik ist ernst und heiter zugleich, abgründig und jauchzend, mozartisch schwebend. Wenn am Ende auch der Graf niederkniet und beschämt sein großes *Contessa, perdono* singt, ist der Zuschauer zu Tränen gerührt. Das Stück kennt gerade nicht das platte Ergebnis von Siegern und Verlierern, Guten und Bösen, sondern alle Personen sind ambivalent, alle sind moralisch kompromittiert, alle haben verloren *und* gewonnen, alle bedürfen der Vergebung und der Heilung. Deshalb ist der »Figaro« keine Oper großer Arien, sondern ein *dramma giocoso*, ein heiteres Drama, in dem menschliche Zustände zu genialen Ensembles verschmelzen. Mozarts komplexe und differenzierte Zeichnung der Figuren ist gerade realistisch, und das große Vergeben und Einen des Schlusses weist, so könnte man deuten, gleichsam auf die endzeitliche Erlösung voraus. Das ist großes Welttheater, Bühne des Lebens. Das Spiel wird zum Nachspiel wahren Lebens und zum Vorspiel der Ewigkeit.

7. Zehn Leitsätze, um spielend zu leben

Spielräume nutzen und gestalten. Schaffen Sie sich zweckfreie Zeiten und Räume, scheuen Sie nicht die zunächst mögliche Langeweile und Leere, sondern lassen Sie sich ergebnisoffen auf Spiele ein. Den *kairos* zum Spiel – den rechten Augenblick – sollten Sie sich gönnen und ihn sodann ergreifen und gestalten. Denken Sie daran: Wer sich spielend Welten schafft, rührt an Heiliges, denn er lässt sich wandeln zum Ebenbild des Schöpfers der Welt.

Mitspieler umwerben. Wer in Beziehungen lebt, spielt leichter. Suchen Sie Freundschaft und pflegen Sie diese, bauen Sie Vertrauen auf. Laden Sie Menschen zum Spiel ein, auch wenn die Initiative dazu Überwindung kostet. Lassen Sie sich nicht zu leicht kränken, sondern vergeben Sie. Gehen Sie den ersten Schritt.

Den Preis bezahlen. Spielen ist Zeitverschwendung. In der Zeit des Spiels arbeiten Sie nicht. Sie sind nicht effizient, können kein Ergebnis vorweisen, verdienen kein Geld, machen keine Karriere. In unserer leistungsfixierten Zeit brauchen Sie den Mut zum Verrücktsein. Den Preis, belächelt und nicht für voll genommen zu werden, müssen Sie bezahlen. Bezahlen Sie ihn gerne! Antworten Sie selbst mit einem Lächeln über die Welt, mit Humor.

Risiken eingehen. Solange Sie sich in das Spiel stürzen, müssen Sie Ihr Haus unbewacht zurücklassen. Aus der Welt Ihrer Besitztümer gehen Sie hinaus, aus der

Kontrolle, aus den Sicherheiten. Sie gehen das Risiko ein zu verlieren. Sie werden verändert, haben aber nicht immer die Kontrolle, wie und wohin die Reise geht. Vertrauen Sie.

Der Phantasie und der Kreativität, dem Geist und dem Leib trauen. Wer spielt, inszeniert sich selbst ein bisschen – das ist gut so. Er geht aus sich heraus, traut sich etwas zu, verbindet sich mit anderen, setzt etwas aufs Spiel, bringt Eigenes ein, wird kreativ, mutet sich zu, schenkt sich, lässt sich beschenken, wird sinnlich, lacht – auch über sich selbst –, tanzt, genießt.

Verspüren und verkosten. Werden Sie leidenschaftlich und gefühlvoll, ohne Scham und ohne Angst. Nutzen Sie die Gnade des Augenblicks. Springen Sie nicht gleich zum nächsten Genuss, sondern verweilen Sie, wo etwas guttut. Spielen Sie nachhaltig, auf Beständiges schauend. Ignatius sagt: »Nicht das Vielwissen sättigt und befriedigt die Seele, sondern das Verspüren und Verkosten (*sentir y gustar*) der Dinge von innen her« (EB 2).

Die Spielgeister unterscheiden. Der Dämon ist überall. Genießen Sie, aber kleben Sie nicht fest. Lernen Sie, auch das Gute wieder loszulassen. Werden Sie nicht süchtig, sondern spielen Sie »ohne Gier glühend«[26]. Verfolgen Sie beim Spiel keine Zwecke, sondern wahren Sie die Freiheit. Nutzen Sie andere Menschen nicht aus. Beachten Sie Regeln, aus Respekt. Verlieren Sie gut – und gewinnen Sie gut! Suchen Sie nicht vor allem Ihre eigene Ehre, sondern geben Sie Gott, was Gott gebührt.

Im Konkreten das Universale sehen. Wenn Ihnen ein Gutes geschenkt ist, trauern Sie nicht dem vielen anderen Guten nach, das Sie nicht auch noch bekommen, sondern genießen Sie das eine. Bejammern Sie nicht das halb*leere* Glas Wein, sondern freuen Sie sich über das halb*volle*. Sehen Sie im Kleinen ein Symbol des Großen, im Konkreten ein Zeichen des Universalen, im Leiblichen einen Verweis auf den Geist. Setzen Sie Ihre großen Ideale um in kleine Rituale des Guten.

Das gespielte Spiel freundlich anschauen. Wenn das Spiel aus ist, dürfen Sie weinen oder lachen, aber Sie sollten das Ende akzeptieren. Schauen Sie mit einem freundlichen Blick zurück, verkosten Sie nochmals, was im Spiel gut war, danken Sie Gott für alles, was Sie empfangen und vielleicht auch durchlitten haben. Wer dankt, freut sich. Wer dankt, liebt.

Vor Gott spielen. Wer spielt, nimmt teil an Gottes Spielfreude. Spielen Sie mit Ausdauer, Freude und Lust. Wenn Sie gläubig sind oder werden wollen, spielen Sie auch die spirituellen Spiele der Exerzitien und der Liturgie. Gott freut sich über jedes Spiel. Freuen Sie sich auf die Spiele des Himmels.

Zum Weiterlesen

Bamberg, Corona: Askese. Faszination und Zumutung, St. Ottilien 2008.

Guardini, Romano: Vom Geist der Liturgie, Mainz, Paderborn [21]2007.

Hemmerle, Klaus: Vorspiel zur Theologie, Freiburg 1976.

Huizinga, Johann: Homo ludens. Vom Ursprung der Kultur im Spiel, Hamburg 1987.

Ignatius von Loyola: Geistliche Übungen, ed. P. Knauer, Würzburg 1999.

Nikolaus von Kues: Gespräch über das Globusspiel, Hamburg 2000.

Rahner, Hugo: Der spielende Mensch, Freiburg [10]1990.

Anmerkungen

[1] Um der besseren Lesbarkeit willen verwende ich im abstrakten Sprechen meist männliche Formen; in den Beispielen versuche ich jedoch, zwischen den Geschlechtern abzuwechseln. Die unterschiedlichen Spielkulturen von Frauen und Männern wären eigens des Nachdenkens wert.

[2] Seit einigen Jahrzehnten wird in der Mathematik, in der Soziologie und in den Wirtschaftswissenschaften die sog. Spieltheorie (*game theory*) entwickelt. Sie reflektiert vor allem auf *Strategien*, mit denen man innerhalb eines Systems (»Spiels«) seine Ziele durchzusetzen versucht. Dieser recht andere Begriff von Spiel – eher auf Zwecke, v.a. auf ökonomische, orientiert – wird hier nicht weiter berücksichtigt. Dies schließt nicht aus, dass auch im Spiel, wie es hier verstanden wird, die Strategie – weil man gewinnen will, setzt man alle sachlichen und emotionalen Mittel dafür ein – eine Rolle spielt.

In Eric Bernes Buch »Spiele der Erwachsenen. Psychologie der menschlichen Beziehungen« (dt. Reinbeck 1967) wird ebenfalls ein anderer Spiel-Begriff verwendet: Als Psychiater bearbeitet der Autor die in der Regel *unbewussten* Beziehungsspiele, in denen es um Besitz, Aggression, Verletzungen, Macht, Sex usw. geht.

[3] Zum Folgenden vgl. Johann Huizinga, Homo ludens. Vom Ursprung der Kultur im Spiel, Hamburg 1987, 15ff. Ich orientiere mich an den von Huizinga angegebenen Kennzeichen, erweitere sie jedoch in einigen Punkten. Im Wesentlichen liegt mein Akzent auf menschlichen Spielen (individuellen und sozialen); die spielenden Radachsen, Wellen und Blätter und auch die spielenden Hunde *spielen* nur eingeschränkt (analog) eine Rolle.

[4] Übrigens kennen vor allem das Deutsche und das Niederländische diese umfassende Bedeutung von »Spiel«; in anderen Sprachen wird etwa das Element des Wettstreits oder das Spielen eines Musikinstruments mit anderen Worten ausgedrückt. Vgl. hierzu Huizinga (Anm. 2), 37ff.

[5] Nikolaus von Kues, Gespräch über das Globusspiel (*De ludo globi*), Hamburg 2000, bes. Nr. 45,15ff.; Nikolaus betont allerdings auch den bleibenden fundamentalen Unterschied zwischen Schöp-

fer und Geschöpf. Vgl. auch Christoph Quarch, Spiel, in: Spirituell leben. 111 Inspirationen von Achtsamkeit bis Zufall, hg. von G. Hartlieb, Ch. Quarch und B. Schellenberger, Freiburg 2002, 330.

[6] Paul Auster beschreibt in seinem Roman »Die Musik des Zufalls« (dt. Reinbeck 1992), wie ein Mann, von Spielleidenschaft verführt, abenteuerliche Risiken eingeht und in den Abgrund treibt.

[7] Das Französische hat eine schöne Formulierung. Wenn man in einem Gespräch fragt, was der Kern der Sache oder ihr Wert sei, sagt man: »Quel est l'enjeu?« Wörtlich: »Was ist, was im Spiel (*en jeu*) steht?« Der Spieleinsatz steht hier bildhaft für das Wesen, den Sinn einer Sache und für das, woran sich die Leidenschaft hängt.

[8] Vgl. Hugo Rahner, Der spielende Mensch, Freiburg [10]1990, hier 21; diesem Buch verdanke ich einige der folgenden Einsichten.

[9] Nomoi 803, BC.

[10] H. Rahner (siehe Anm. 7), 29f.

[11] Eine Lebensbeschreibung und Einführung in seine Spiritualität findet sich in: Stefan Kiechle, Ignatius von Loyola. Mystiker und Manager, Freiburg 2007.

[12] In seiner Autobiographie beschreibt Ignatius ausführlich diesen Prozess; vgl. Ignatius von Loyola, Bericht des Pilgers, Würzburg 1999, Nr. 6–10 (zit. mit Randnummer).

[13] Luis Conçalves da Câmara, Memoriale. Erinnerungen an unseren Vater Ignatius, übers. von P. Knauer, als Manuskript gedruckt, Frankfurt 1988, Nr. 173f.

[14] Ebd. Nr. 178.

[15] Über den Prozess gibt es einen schriftlichen Bericht, veröffentlicht in: Ignatius von Loyola, Gründungstexte der Gesellschaft Jesu, hg. von P. Knauer, Würzburg 1998, 290–296. Vgl. auch Bernhard Waldmüller, Gemeinsam entscheiden (Ignatianische Impulse Bd. 27), Würzburg 2008; Waldmüller macht den historischen Weg der Gefährten fruchtbar für heutiges Entscheiden in geistlichen Gemeinschaften.

[16] Mehr zur Schriftbetrachtung: Stefan Kiechle, Größer als unser Herz. Biblische Meditationen – Exerzitien im Alltag, Freiburg [2]2005; dort auch zahlreiche methodisch durchgeführte Betrachtungen zu biblischen Perikopen.

[17] Ignatius von Loyola, Geistliche Übungen (versch. Ausgaben), zit. mit »EB« und Randnummer.

[18] Ausführlicher dazu: Stefan Kiechle, Sich entscheiden (Ignatianische Impulse Band 2), Würzburg [3]2006.

[19] Mainz und Paderborn ²¹2007, Zitat 59.

[20] Ebd. 61.

[21] Ebd. 62.

[22] Hitler inszenierte seine Weihestunden und Aufmärsche als große liturgische Rituale, allein im Dienste der Verherrlichung des Führers und seiner Propagandapolitik. Im Stil nationalsozialistischer Veranstaltungen hat man »den Einfluss des prachtliebenden, bunt bewegten Rituals der katholischen Kirche wiedererkannt, doch nicht weniger greifbar sind einmal mehr das Erbe Richard Wagners und dessen exzessive Theaterliturgie ... Im Operngepränge der Reichsparteitage kam das bürgerliche Theater gleichsam zu seiner äußersten Möglichkeit«; vgl. Joachim Fest, Hitler. Eine Biographie, Hamburg 2006, Zitat 784.

[23] Über die ästhetische Erziehung des Menschen, 15. Brief.

[24] H. Rahner (vgl. Anm. 7), 29f.; die zuletzt zitierte Aussage übernimmt er von H. Lützeler.

[25] Corona Bamberg, Askese. Faszination und Zumutung, St. Ottilien 2008, 166. Auch die folgenden Gedanken sind von C. Bamberg angeregt.

[26] Ebd., 167.

In der Reihe **Ignatianische Impulse**
sind bisher erschienen: